U0922829

红糖美学 著
乌菲齐美术馆
世界博物馆全书
第一辑
華中科技大學出版社
http://press.hust.edu.cn
中国·武汉
有书至美
BOOK & BEAUTY

前言 Preface

世界博物馆全书系列，是我们对艺术与历史的深刻致敬。我们邀请您开启一段跨越时空的探索之旅，一起深入了解和欣赏世界级博物馆的珍藏。这一系列的创作源自我们对人类智慧和美学的敬畏：我们希望通过呈现各地博物馆中的文物精品，启发读者探索不同文明的交融与发展。博物馆，作为历史的见证，不仅守护着人类过去的辉煌，更是启迪未来的灯塔。

每一座博物馆都是一个独立且丰富的“文化宇宙”。它们不只是静默的艺术品和历史史迹的展示空间，更是历史长河中人类不断探索、理解和创造的见证。这些知识的殿堂，作为文化传承与对话的桥梁，使我们得以与远古的智者沟通，感受历史的脉动。

乌菲齐美术馆的历史始于1560年，最初作为美第奇家族的行政中心，随后逐渐转型成收藏家族艺术品的场所。它的开放标志着现代博物馆的诞生，美第奇家族的无私捐赠也代表了其对人类文明的贡献。

这座美术馆见证了文艺复兴时期艺术的鼎盛时期，收藏了从中世纪到现代的众多杰作，尤其以文艺复兴时期的作品为核心。这些作品不仅展现了艺术家们对美的探索和表达，也反映了当时社会、政治和宗教背景下的人文精神。其馆藏包括绘画、雕塑、装饰艺术品等，其中不乏如达·芬奇、波提切利、拉斐尔等大师的作品。这些艺术品不仅在艺术技巧上达到了巅峰，更在历史上扮演了传承文化和启迪思想的角色。

我们将深入探讨这座美术馆的历史背景及其珍贵藏品的艺术价值和历史意义。我们希望通过对乌菲齐美术馆的全面介绍，让读者不仅能够欣赏到文艺复兴时期的艺术精华，更能深入理解这一时期文化和艺术的深刻内涵。

目录 Contents

Art MUSEUM OVERVIEW

美术馆概况

乌菲齐美术馆又被称为“乌菲兹美术馆”，是享有盛名的艺术博物馆，位于意大利佛罗伦萨市的乌菲齐宫内。乌菲齐宫曾作为政务厅使用，其名称源于办公室的意大利语“Ufficio”，因此得名乌菲齐美术馆。

位置与规模

对于热爱艺术的人们来说，乌菲齐美术馆无疑是佛罗伦萨这座被誉为“鲜花之城”的城市中最璀璨的艺术瑰宝。它不仅是艺术的殿堂，更是人类文明和历史的见证，让人们在欣赏艺术的同时，也能感受到人类智慧的无穷魅力。

乌菲齐美术馆位于意大利的佛罗伦萨市，坐落在佛罗伦萨传统的权力核心区，在市政厅广场和阿尔诺河之间，距离圣母百花大教堂不远。它始建于1560年，是全球最重要、规模最大的博物馆之一。

乌菲齐美术馆于2014年首次与皮蒂宫、波波利花园集结在一起。这三座博物馆共同承载着属于美第奇家族、哈布斯堡-洛林家族和萨伏依家族的艺术精品、珍贵的工艺制品、书籍和植物标本。这是一系列令人惊叹的宝藏，其历史可追溯至古希腊时代。这三座博物馆通过瓦萨里走廊相互连接，共同构成了世界上最重要、游客最多的文化中心之一。

发展历程

乌菲齐美术馆的发展历史可以追溯到文艺复兴时期的佛罗伦萨。这座宫殿本身是由著名建筑师瓦萨里在1559年设计的，本身就是文艺复兴时期建筑的杰作。

佛罗伦萨的贵族

佛罗伦萨的贵族——美第奇家族，从各地搜集了大量的艺术品，并将这些珍贵的藏品集中到了乌菲齐宫内，从而逐渐形成了乌菲齐美术馆的雏形。美第奇家族以其对文化艺术的热爱、扶植和保护而著称，他们的这一举措无疑为乌菲齐美术馆的建立奠定了坚实的基础。

对外开放

1769年，乌菲齐美术馆正式对外开放，并且扩展了原有的展室，使更多艺术品得以展出。此时，美术馆的藏品已经包罗万象，相当丰富，包括达·芬奇的《博士来拜》、米开朗琪罗的《圣家族》、提香的《乌尔比诺的维纳斯》以及拉斐尔的《自画像》等。

扩大收藏

进入20世纪，乌菲齐美术馆的规模和影响力继续扩大。美术馆内建立了版画、素描等专室，藏品数量也达到了10万件以上。这使得乌菲齐美术馆成为世界上最重要的艺术博物馆之一，每年吸引着数以万计的游客前来参观。

藏品概况

乌菲齐美术馆位于乌菲齐宫的1、2层，这座建筑由瓦萨里设计，并于1560年至1580年建造完成。美术馆以丰富的古代雕塑和绘画藏品而蜚声国际，藏品的时间跨度从古希腊一直到现代。

◆绘画——从13世纪到20世纪：令人惊叹的西方绘画杰作收藏

乌菲齐美术馆的绘画收藏以其非凡的艺术价值闻名于世。几个世纪以来，通过遗赠、交换和捐赠，乌菲齐美术馆收藏了一系列珍贵无价的绘画作品。在这些作品中，尤以文艺复兴时期的绘画最为珍贵。

◆雕塑——乌菲齐美术馆丰富的雕塑收藏：从古代到现代

乌菲齐美术馆的雕塑收藏堪称一绝，它跨越了多个时代，具有多种风格，凝聚了西方艺术的精髓。馆内收藏了众多古希腊、古罗马和文艺复兴时期的雕塑瑰宝，它们以精湛技艺和完美比例展现了古代文明的辉煌。

版画与素描部——大师素描收藏与创新的摇篮

乌菲齐美术馆的版画与素描部位于1层，这里在16世纪下半叶曾是美第奇家族管理的剧院。该部门拥有超过17.7万幅素描和版画收藏，始于17世纪中叶的莱奥波尔多·德·美第奇时期。纸质藏品可追溯至14世纪末，其中以意大利文艺复兴时期的作品为主。

建筑——能够调节空间、不断创新，同时也是永恒与庄严的象征

乌菲齐美术馆不仅是艺术的殿堂，建筑本身也堪称一件杰作。其立面装饰精致，线条流畅，体现了设计师的卓越才华。美术馆内部空间布局合理，各展厅相互连接又各具特色，为观众提供了极佳的观展体验。此外，美术馆还珍藏了众多古代雕塑和建筑构件，它们与绘画作品共同构成了乌菲齐美术馆丰富的艺术宝库。

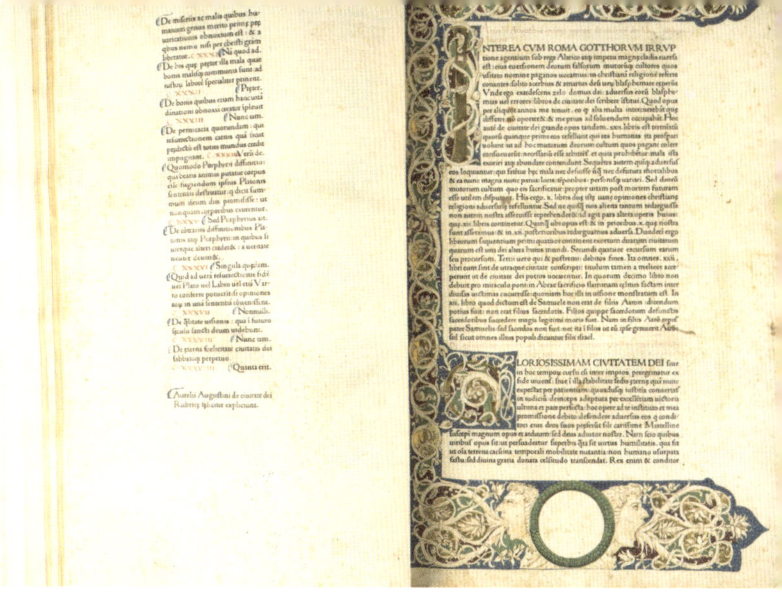

书籍与档案部——图书馆与档案馆的遗产

该图书馆由彼得·利奥波德于18世纪下半叶建立，最初位于美第奇剧院门厅内。它保存了众多佛罗伦萨博物馆珍藏的手稿，总数达7.86万件，涵盖手稿、古籍和期刊等多种类型。

乌菲齐美术馆、皮蒂宫和波波利花园

乌菲齐美术馆于2014年与皮蒂宫、波波利花园合并，呈现出从古希腊至20世纪的宝藏集合。通过瓦萨里走廊连接乌菲齐美术馆、皮蒂宫和波波利花园，构成重要的文化中心。游客可在此欣赏到无与伦比的艺术珍品，包括绘画、雕塑、家具、珠宝等，以及珍贵的建筑实例和珍稀的植物。

乌菲齐美术馆外，气势磅礴的皮蒂宫俯瞰着广场，矗立在老桥对面，成为展示文艺复兴时期辉煌的纪念碑。自20世纪下半叶起，皮蒂宫逐渐蜕变为顶级博物馆与当代文化交流中心，吸引了时尚界、音乐界、戏剧界的杰出人士前来献艺。1550年，科西莫一世·德·美第奇夫妇选定皮蒂宫作为新居，是美第奇家族在托斯卡纳的新权力象征。随后，哈布斯堡-洛林王朝和萨伏依王朝的意大利国王亦相继入住。然而，宫殿至今仍沿用其首任主人——佛罗伦萨银行家卢卡·皮蒂之名。如今，这座宫殿划分为五个博物馆：底层的大公宝库、俄罗斯圣像博物馆，1层的帕拉蒂诺画廊、皇室公寓，以及2层的现代艺术画廊、时装与服饰博物馆，充分展现着皮蒂宫的深厚文化底蕴。

皮蒂宫的后面是波波利花园。这座壮观的园林，由美第奇家族精心规划，开创了意大利式花园的新风尚，成为欧洲众多宫廷花园竞相效仿的典范。花园布局规整有序，犹如一座露天博物馆，遍布着古代和文艺复兴时期的精美雕像。在花园的深处，还隐藏着一些神秘的洞穴，其中最负盛名的便是贝尔纳多·布翁塔伦蒂所设计的洞穴。此外，海王喷泉和海洋喷泉等大型喷泉，更是为这片园林增添了几分灵动与生机。参观波波利花园，无疑是对皮蒂宫游览的完美延伸。这片虽不断更新但仍忠实于原始设计的花园，使游客能够深入领略宫廷生活的韵味，尽情享受这片绿意盎然的园林。

美术馆展览分布图

2层 展馆

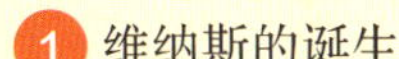

1 维纳斯的诞生
2 春
3 圣家族
4 乌尔比诺公爵夫妇肖像
5 美第奇的维纳斯
6 底比斯地域
7 基督受洗
8 与圣玛格丽特和圣安萨努斯的天使报喜
9 贤士的崇拜
10 天使报喜
11 宝座上的圣母
12 赫拉克勒斯的寓言
13 帕拉斯和半人马座
14 两个摔跤手
15 圣母的加冕

1层 展馆

16 酒神巴克科斯
17 花神弗洛拉
18 伊丽莎白自画像
19 托莱多的埃莉诺拉与其子乔万尼·德·美第奇
20 乌尔比诺的维纳斯
21 斯基泰人
22 弹奏鲁特琴的天使

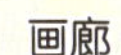

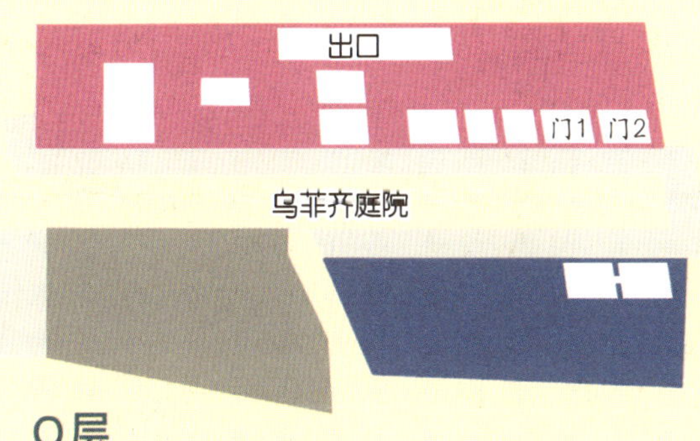

23 椅子上的圣母（收藏于皮蒂宫的帕拉蒂诺画廊）

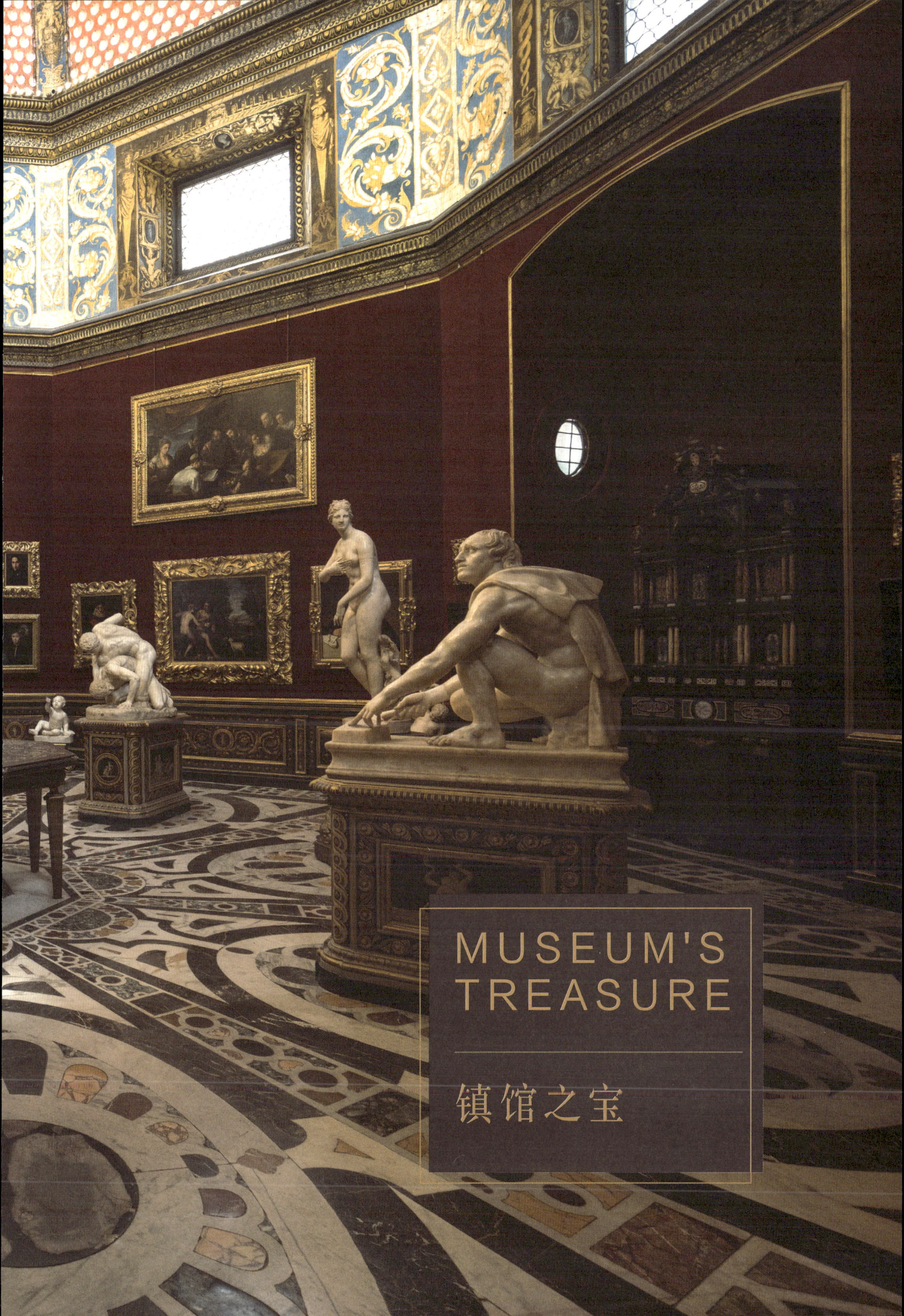

MUSEUM'S TREASURE

镇馆之宝

维纳斯的诞生

泡沫中走出的爱与美的女神

创作者：波提切利
创作年代：1485 年
类型：布面蛋彩画
尺寸：高 172.5 厘米；宽 278.5 厘米
来源地：意大利

这幅作品很可能是美第奇家族某位成员的委托之作。瓦萨里在描述美第奇家族卡斯特罗庄园时提及了这幅画。卡斯特罗庄园自15世纪中叶起便为美第奇家族所拥有。画中橙树的出现，似乎印证了这一假设。因为橙树被视为美第奇家族的象征，其源于家族名字与橙树名字的发音相似。

这幅名为《维纳斯的诞生》的画作，生动描绘了爱与美的女神维纳斯降临世间的场景。这幅画是文艺复兴时期意大利画家波提切利的杰作，作者从古典雕塑中汲取灵感，展现了维纳斯从浪花中诞生的场景。画面中的维纳斯端庄而优雅，金色长发的光泽为画面增添了神秘和高贵的气息。她站在巨大的贝壳上，与风神、春之神等共同构成了一幅和谐统一的画面。整幅画作充满诗意和美感，颂扬了维纳斯作为爱与美之化身的象征意义，是文艺复兴时期艺术的杰出代表。

波提切利在创作维纳斯的姿态时，从古典雕塑中汲取了灵感。维纳斯自浪花中诞生，被风神吹送至塞浦路斯岛。画面中的维纳斯，站在一个巨大的扇形贝壳之上，纯洁无瑕，宛若一颗璀璨的珍珠。维纳斯以金色的长发遮住了裸体，头发金色的光泽，使整个画面呈现出一种神秘而高贵的气息。

此时，她遇到了一位年轻女子，或为美惠三女神之一，或为春之神，她手捧一件鲜花点缀的斗篷，为维纳斯披上。甚至连那随风飘来的玫瑰，也仿佛在诉说着春天的到来。

《维纳斯的诞生》所蕴含的美学价值在于体现了新柏拉图主义的哲学思潮，即美是不可能逐步完善或从非美中产生，美只能是自我完成，它是无可比拟的，是不生不灭的永恒。画家通过维纳斯的形象，诠释了这种美学观念。维纳斯作为美的象征，从诞生起就是一个成熟的女人，她既无童年也不会衰老，永葆美丽青春。这种对美的永恒性的追求和表达，使得这幅画具有了深刻的美学内涵。

《维纳斯的诞生》也是一件具有深远影响的作品。它体现了文艺复兴时期艺术家对人性、爱情和美的追求，反映了当时社会的审美观念和文化氛围。同时，这幅画也传递了一种对自然和生命的敬畏之情，以及对和谐、平衡和完美的追求。

小提示

蛋彩画，是一种古老而独特的绘画技法，也被称作“坦培拉”，它采用蛋黄、蛋清或整个鸡蛋作为调和剂，与矿物颜料混合后绘制在石膏画板上。蛋彩画色彩鲜明且持久，不易剥落，其细腻的层次感和丰富的细节使其具有独特的艺术魅力。在文艺复兴时期，蛋彩画技术达到巅峰，成就了众多艺术大师的传世之作。然而，随着油画的兴起，蛋彩画逐渐被取代，但它依然以独特的艺术风格和技法在绘画史上占有重要地位。

文物小知识

维纳斯的美丽：画家笔下的永恒主题

维纳斯作为爱与美的化身，她的形象具有极高的美学价值。画家们通过描绘维纳斯，能够展示他们对美的追求和想象。维纳斯的姿态优雅，面容甜美，无论静态还是动态，都充满了艺术魅力，为画家们提供了无尽的创作灵感。

维纳斯作为神话人物，她的故事充满了戏剧性和象征意义。画家们可以通过描绘不同的故事场景，表达他们对人性的理解和对社会的思考。维纳斯的故事中既有爱情的甜蜜与苦涩，也有对权力的追求与抗争，这些故事为画家们提供了丰富的创作素材。

不同文化背景下的维纳斯形象也各不相同，这为画家们提供了广阔的创作空间。例如，在古希腊文化中，维纳斯被描绘为优雅、高贵的女神；而在古罗马文化中，她则更多地被表现为充满活力和热情的形象。画家们可以根据自己的审美观念和文化背景，创作出具有自身特色的维纳斯形象。提香所画油画中的维纳斯背向观众，旨在引导观赏者从另一角度去感受维纳斯的美，同时也让观赏者对维纳斯的美有全面的认识。

《维纳斯和阿多尼斯》 提香　普拉多博物馆藏

《维纳斯的诞生》（局部） 威廉·阿道夫·布格罗　奥赛美术馆藏

《维纳斯的诞生》（局部） 亚历山大·卡巴内尔 奥赛美术馆藏

维纳斯本就是学院派挚爱的主题，19世纪有多位学院派画家都曾画过。首先是法国学院派大师威廉·阿道夫·布格罗的版本，这一版一定程度上受到了波提切利版的影响。同期的另一位学院派大师亚历山大·卡巴内尔也有一版非常经典的《维纳斯的诞生》，这幅画不仅让他声名大振，更是被奉为19世纪学院派最经典的作品之一。

画维纳斯也是画家们展示自己技艺和才华的一种方式。维纳斯的创作需要画家们具备高超的绘画技巧和敏锐的洞察力，才能够将其完美地呈现在画布上。

维纳斯和阿芙洛狄忒是同一个人吗？

维纳斯是古罗马神话中象征爱与美的女神，而阿芙洛狄忒则是古希腊神话中相对应的爱与美的女神。在罗马征服希腊后，希腊神阿芙洛狄忒和罗马神维纳斯建立了等同关系，因此许多人认为她们是同一人。然而，尽管她们在神话中的职能和象征意义相似，但她们来自不同的文化背景和神话体系。

米洛斯的阿芙洛狄忒 大理石雕像 卢浮宫博物馆藏

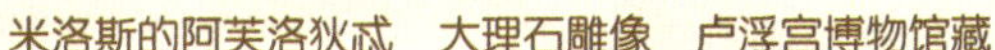

波提切利

波提切利：佛罗伦萨画派的最后一位画家

波提切利是15世纪末佛罗伦萨的著名画家，也是欧洲文艺复兴早期佛罗伦萨画派的一位大师。他受尼德兰肖像画的影响，是意大利肖像画的先驱，其绘画风格典雅、秀美、细腻动人。波提切利在作画时并不追求精确，而只关心画面是否美、是否和谐。他笔下的女神形象总是眉眼低垂，拥有过于修长的脖颈和不稳定的重心，这种独特的风格使他的作品在文艺复兴时期的艺术中独树一帜。

春

翡冷翠文艺复兴之春的一朵奇葩

创作者：波提切利

创作年代：1482 年

类型：木板蛋彩画

尺寸：高 207 厘米；宽 319 厘米

来源地：意大利

在画面的前景右侧，西风之神紧紧拥抱着仙女克洛里斯，想将她带走；随后，出现了春天的化身，即春之女神。这幅画的中心位置，爱与美的女神维纳斯优雅而立，她衣着华丽，略显谦逊，位于其他女神之后。而在她身旁，蒙着眼睛的丘比特正准备射出他的爱之箭。

这幅画作生动地描绘了九位人物，在清晨的宁静时光中，他们一字排开，优雅地伫立于橘子林与青翠草地之间。画面中央，那位穿着华丽的爱与美的女神维纳斯尤为引人注目。画作通过细腻的笔触，展现了一个充满美好与希望的春日故事，同时也融入了神秘与奇幻的色彩。

画面左边，美惠三女神围成一个圆圈跳舞。这幅画的结尾是众神的使者墨丘利，他正用手杖触摸一朵云。

尽管这幅画的深层含义仍然让人费解，但无疑它是对爱、和平与繁荣的热烈颂扬。画中植被的深色部分，是颜料历经岁月的结果，而丰富的果实与花朵则为画面增添了一抹明亮的色彩。

小提示

波提切利对细节的关注不仅体现了他对这件作品的深厚情感。据鉴定，在《春》这幅画中至少有138种不同的植物和花被精心描绘。或许他利用了植物标本馆的资料，以确保准确地展现这些植物的形态和特征。通过这些细致入微的描绘，波提切利成功地将花卉的美丽与画作的主题完美结合，使《春》成为一幅充满生机与活力的艺术杰作。

文物小知识

美第奇家族：文艺复兴的璀璨星辰

美第奇家族是意大利佛罗伦萨的一个显赫家族，兴盛于15世纪，18世纪衰落。这个家族在欧洲文艺复兴中起到了非常关键的作用，其中科西莫一世·德·美第奇和洛伦佐·德·美第奇是代表人物。

美第奇家族从毛织业起家，逐渐累积政治力量，最终成为佛罗伦萨实际上的统治者。他们不仅控制了佛罗伦萨的经济命脉，还通过资助艺术家和学者，推动了文艺复兴的发展。在他们的支持下，许多艺术家的杰出作品得以诞生，在欧洲艺术史的发展中留下了浓墨重彩的一笔。

此外，美第奇家族还诞生了四位教宗和两位法国王后。家族成员在政治、文化和艺术等领域都占有举足轻重的地位。然而，他们也经历过三次政治放逐，家族命运充满了波折。

法国王后玛丽·德·美第奇身穿代表着法国的鸢尾花礼服

科西莫一世·德·美第奇雕像

美第奇家族的象征

美第奇家族的族徽中的鸢尾花是其最为显著和重要的象征之一。

鸢尾花是法国王室的标志，具有深远的象征意义。当美第奇家族与法国王室建立姻亲关系后，他们被允许使用法国王室的标志。这不仅体现了美第奇家族与法国王室之间的紧密关系，也彰显了家族的地位。

鸢尾花在欧洲文化中通常被视为光明、自由和权力的象征。随着时间的推移，鸢尾花逐渐成为美第奇家族族徽的标志性元素，与家族的其他象征图案如盾牌等共同构成了家族的独特标识。它们不仅代表了家族的历史和传统，也展现了家族的勇气和高贵。

美第奇家族大公的徽章

波提切利画中的哀愁

在波提切利的画作中，维纳斯等神话人物的形象屡见不鲜，这些作品不仅展现了强烈的人文主义精神，更在美丽的神话背后藏匿着一抹淡淡的忧伤。这种忧伤并非单纯的感怀，它蕴含着对美的短暂与无常的深沉叹息，以及对人生苦短、爱情无常的深切忧虑。

波提切利晚期的作品中这种哀愁情感尤为显著。以《哀悼基督》和《死去的基督》等作品为例，画中展现了基督被钉死在十字架后的凄凉景象，圣母悲痛欲绝，紧紧抱着耶稣的身体。与早期作品中的优雅飘逸不同，圣母的形象在此显得痛苦而悲伤，这种深沉的忧郁氛围无疑更为强烈地展现了波提切利作品中的忧郁特质。

此外，在波提切利的一些作品中也透露出对逝去恋人的深深思念。例如《年轻女子的肖像》等画作，虽然画中女子端庄尊贵，但她的面庞却隐约流露出淡淡的忧伤。这种忧伤，是波提切利个人的情感流露，充满了对逝去之爱的无尽思念与苦楚。

《哀悼基督》 慕尼黑古典绘画陈列馆藏

《年轻女子的肖像》（局部） 乌菲齐美术馆藏

酒神巴克科斯

狂欢与陶醉的交响乐

创作者：卡拉瓦乔
创作年代：1598 年
类型：布面油画
尺寸：高 95 厘米；宽 85 厘米
来源地：意大利

这幅《酒神巴克科斯》油画很可能是卡拉瓦乔应教宗法兰西斯科·马利亚·代尔·蒙特的委托而创作的，后者作为画家的早期资助者，无疑对这幅作品寄予了深厚的期望。自17世纪起，这幅画作便一直由托斯卡纳大公珍藏，是其艺术宝库中的一颗璀璨明珠。在画中，酒神巴克科斯的形象丰满，那慵懒的眼神则透露出一种堕落与逸乐的气息，仿佛沉浸在无尽的欢愉之中。画面中的花果、酒杯等元素，不仅丰富了画面的视觉效果，更体现出一种世俗的审美情趣，将神话人物与现实生活巧妙地结合在一起。

画面中央，酒神巴克科斯戴着由葡萄藤及葡萄叶编织成的花冠，他的鬈发散落在前额，展现出一种优雅而迷人的气质。他的眼神中透露着慵懒，与手中的古希腊式酒杯中满满的红酒形成呼应。

酒神以左手持酒杯，尽管这常被解读为是模特儿故意用左手来持物，但也有推测认为是画家出于构图和技巧的需要而透过镜子所绘制的。换句话说，我们所看到的画面中酒神的左手，实际上是模特儿的右手。据传记作家乔万尼·巴格罗奈的记载，卡拉瓦乔早期的作品中的确依靠过镜子进行创作。

画中摆设的设计也颇具匠心。桌子上的水果和酒具都在自然光下，给人一种诱人的感觉。然而，令人惊奇的是，画中的人物和摆设全无阴影留在背景上，这种处理方式使得画面充满了神秘和梦幻的氛围。

小提示

罗马神话中的酒与植物之神巴克科斯（Bacchos）是不可或缺的重要神祇。他与古希腊神话中的狄俄尼索斯（Dionysos）相对应，同样象征着欢乐、放纵和反叛。巴克科斯的形象通常被描述为面容英俊、浓密的鬈发、留着胡子的男子，身穿豹皮裘袍，手持长杖和葡萄串，头上戴着葡萄藤和叶编织的花冠。在神话故事中，他往往与欢乐、狂欢、饮酒和宴会联系在一起。

酒神巴克科斯雕像

文物小知识

从农业繁荣到宗教救赎：葡萄酒的多重象征

古希腊神话中酒神为狄俄尼索斯，他赋予了葡萄酒丰富的象征意义。酒神作为葡萄种植和酿酒的守护神，其形象与葡萄藤、葡萄酒紧密相连。葡萄的生长、收获与葡萄酒的酿造过程，都十分消耗精力与时间，因此葡萄酒也被视为农业繁荣的象征。古罗马神话中的酒神则是巴克科斯，他是植物与葡萄酒之神，也是狂欢与放荡之神。酒神的形象与放纵、欢乐、狂欢等情感紧密相连，这也使得在古希腊和古罗马文化中，葡萄酒与狂欢、庆祝和祭祀等活动紧密相连，人们在饮酒中释放情感，追求快乐与自由。

随后，葡萄酒与基督教的结合使其获得了更为神圣的内涵。在基督教中，葡萄酒被视为耶稣的血液，象征着救赎与牺牲。此外，在一些民间传说和神话故事中，葡萄酒也被认为具有神奇的力量。例如，在欧洲某些地区，人们相信葡萄酒能够驱邪避灾、保佑平安健康等。

葡萄酒文化的油画作品

西方绘画史犹如一幅绚丽多姿的油画，其中一抹深邃的深紫，如同璀璨宝石，始终闪耀着独特的光辉。在这波澜壮阔的艺术长河中，葡萄酒似乎特别受到缪斯女神的青睐，其流淌的每一瞬间都为艺术家们带来了源源不绝的灵感与恩赐。葡萄酒这一承载着千年文明与风情的琼浆玉液，在画家的笔触下焕发出别样的光彩。以葡萄酒为主题的油画作品，不仅是对美酒本身的赞美，更是对人生、自然与文化的深刻诠释。

在这幅《爱情与葡萄酒的结合》中， 帽子上插着羽毛的男子以期待爱情的目光望着年轻女人，女子把手中的空杯向男子递去，让他为自己斟酒。画家准确地捕捉了这一瞬间：贵族精致而肆意的生活，这也是18世纪法国贵族生活的一个缩影。

《爱情与葡萄酒的结合》 巴伐利亚国立博物馆藏

《酒神巴克科斯的胜利》 普拉多美术馆藏

《喝酒的女人和醉酒的士兵》 私人收藏

《病中的酒神》 卡拉瓦乔

卡拉瓦乔《病中的酒神》

这幅作品描绘了年轻的酒神巴克科斯在病中的形象，酒神在古希腊、古罗马的神话里不只是代表酒与欢乐，他也是新生与美丽的象征，能激发诗歌和绘画灵感。据说，这幅作品卡拉瓦乔是用自己做模特而绘制。卡拉瓦乔的酒神像是个病人，可能是前夜饮酒过度，刚刚醒过来。他皮肤发绿，嘴唇灰白，两眼无神，就连他手中的葡萄也似乎并不新鲜。那个拿着葡萄的手，指甲里还沾着污垢。卡拉瓦乔没有按照传统，画出具有完美人形的神祇，他把神祇画成一个酗酒过度、并不完美的人。这就是卡拉瓦乔独特的创作风格。

MUSEUM
COLLECTION
TREASURES
馆藏珍品

ΚΛΕΟΜΕΝΗΣ ΑΠΟΛΛΟΔΩΡΟΥ
ΑΘΗΝΑΙΟΣ ΕΠΩΕΣΕΝ

两个摔跤手

运动员之间的较量

创作年代：公元前 1 世纪

类型：大理石雕塑

尺寸：高 89 厘米

来源地：意大利

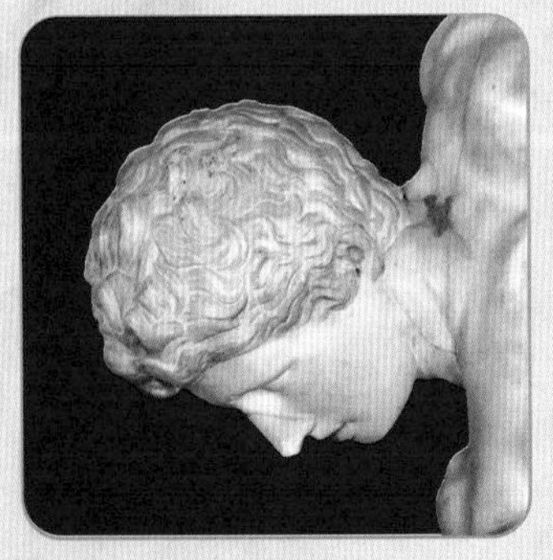

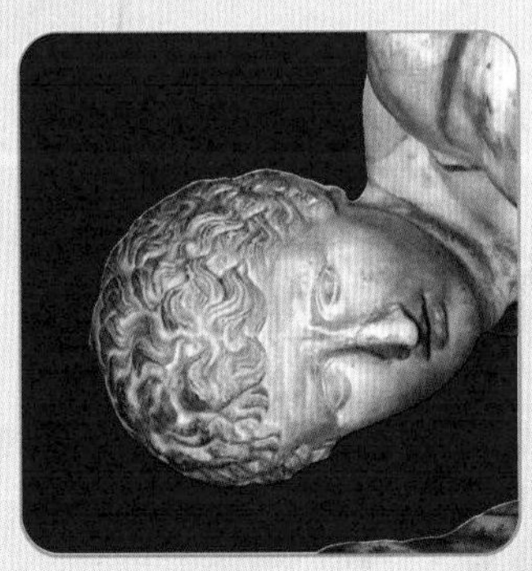

这组作品雕刻了两个肌肉健硕的男子，正在上演一场激烈的摔跤比赛。人物的身体结构坚实，比例匀称，栩栩如生，画面的平衡感处理得恰到好处，使得比赛结果悬念重重。

16世纪的考古发现很少有能完整地还原出的大型雕塑，但这尊雕塑则打破了这一常规。1583年，在罗马圣乔瓦尼门附近的托马西尼家族拥有的一个葡萄园里，人们发现了这件作品。

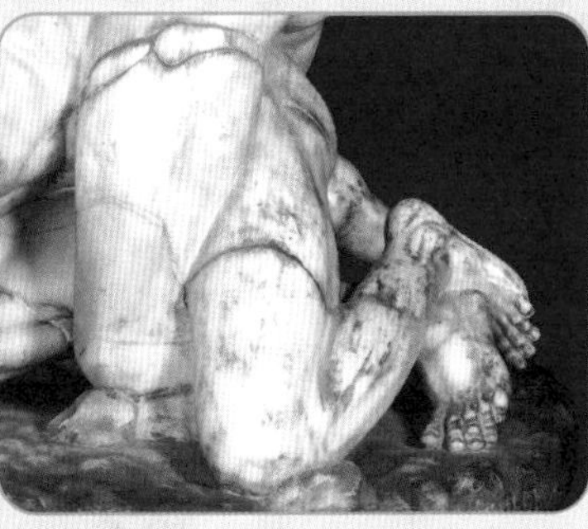

这两位年轻人正在参与一场类似现代综合格斗的摔跤比赛。上位摔跤手用自己的左腿压制对手的左腿，身体越过对方，稳稳地控制住对手的右臂。由于他们持久地交战和不懈努力，他们的肌肉线条显得异常鲜明和有力，仿佛每一块肌肉都在讲述着他们的拼搏与坚持。

小提示

古典式摔跤是古罗马时期的一项体育运动，具有深厚的历史背景和文化内涵。其结合了古希腊式摔跤和古罗马原有的摔跤技巧，形成了独特的古典式摔跤。在罗马帝国的鼎盛时期，摔跤比赛是公共娱乐活动的重要组成部分，吸引了大量的观众。古典式摔跤有其特定的规则和技巧：比赛时不许抓衣服、不准用手和腿直接进攻对方的下肢，只许用手臂抱头、颈、躯干和上肢。将对方摔倒后使其双肩触及垫子者为胜，如在规定的时间内未出现这种情况，则按两个回合中得分的情况判定名次。这种摔跤形式不仅考验选手的力量和技巧，也考验他们的策略。

这组大理石雕塑制作时间可追溯到公元前1世纪，是失传青铜原件的复制品，原作出自古希腊著名雕塑家利西普斯之手。利西普斯以青铜和大理石雕塑闻名于世，尤其擅长塑造亚历山大大帝的肖像。

优雅之美

美第奇的维纳斯

底座的正面刻有希腊文，大意为：由雅典的阿波罗多洛斯之子克利奥墨尼斯制作。

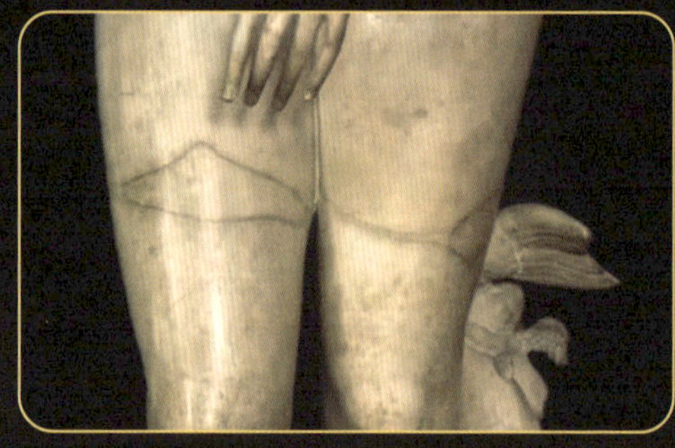

这件作品在发现时已被分割成了几个部分，但幸运的是，它被保存得相当完好，唯一的遗憾是缺少底座。为了使其看起来更加完美，维泰博主教选择了一个古代雕像的底座，并将其改造以适应这尊雕塑。这样，雕像的底座巧妙地利用了克利奥墨尼斯作品的残余部分，与维纳斯女神优雅的身姿相得益彰，最终呈现出一尊精美的雕塑作品。

创作年代：

公元前 2 世纪 — 公元前 1 世纪

类型：大理石雕塑

尺寸：高 153 厘米

来源地：意大利

维纳斯本能地遮掩了自己的私密部位，仿佛感受到了他人不经意间投来的目光。这尊雕像的形制最初出自伯拉克西特列斯之手，他在公元前4世纪中期创作了著名的维纳斯雕像。这一形制在希腊化时期和古罗马时期备受瞩目，广受欢迎，并多次被艺术家们重新诠释，赋予其新的艺术内涵。

1680年，美第奇的维纳斯雕像经过修复，缺失的手指得以重现。18世纪上半叶，考古学家和众多游客都对这尊雕像怀着神圣的敬意，因此，在很长一段时间内，它都未再经历修复。然而，到了1785年，弗朗切斯科为维纳斯设计了两条新手臂，将它们放置在雕像的复制品上，以评估整体视觉效果。不过，替换手臂的建议并未被采纳，雕像最终保留了奥菲奥在17世纪中叶所设计的两条手臂。

复制品

维纳斯嘴唇上的朱砂和埃及蓝颜料，说明这座雕像之前曾具有各种丰富的颜色。更有趣的是，雕像的耳垂上竟然有穿孔，显然是为了挂上金属首饰，以增添更多的真实感。

小提示

在18世纪，美第奇的维纳斯雕像头发镀金的特点经常被提及。然而，令人感到奇怪的是，这一特点似乎在19世纪被参观者所遗忘。可能是因为镀金已经消失。有些线索表明，镀金可能是被人故意移除的，这在当时新古典主义的文化背景下并不罕见，很可能发生在1816年的那次修复行动中。直到2012年，专家们才发现了之前镀金的痕迹，这证实了这尊雕像原本色彩的丰富。

斯基泰人

折磨森林之神的匕首

这件作品的历史可以追溯到2世纪，它是一组古代雕像中幸存下来的一部分。这组古代雕像可以追溯到公元前3世纪，其中包括被绑在树上等待惩罚的马西亚斯的雕像。

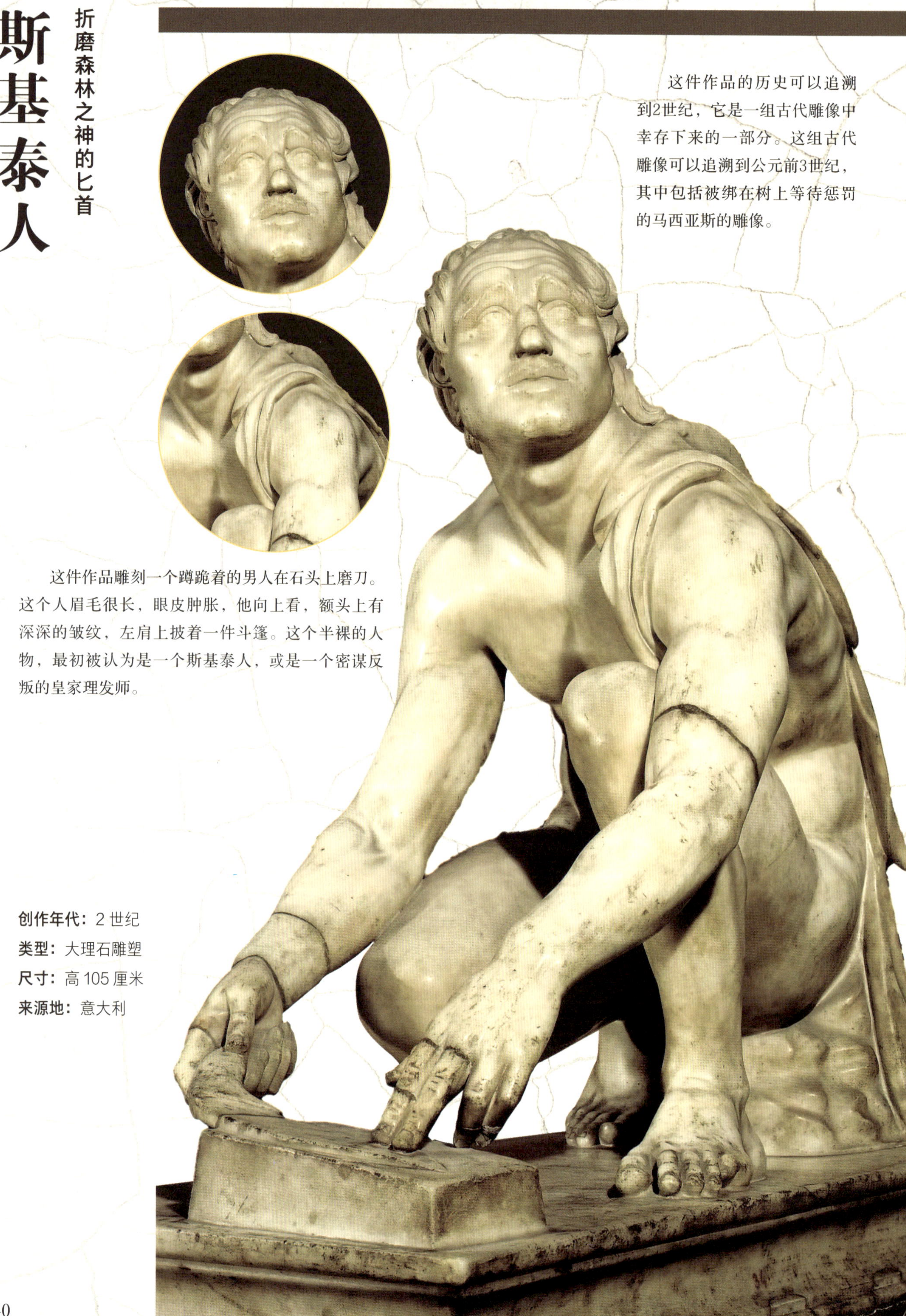

这件作品雕刻一个蹲跪着的男人在石头上磨刀。这个人眉毛很长，眼皮肿胀，他向上看，额头上有深深的皱纹，左肩上披着一件斗篷。这个半裸的人物，最初被认为是一个斯基泰人，或是一个密谋反叛的皇家理发师。

创作年代： 2 世纪

类型： 大理石雕塑

尺寸： 高 105 厘米

来源地： 意大利

这尊斯基泰人雕像与许多古代雕塑有着相似的经历，16世纪初在罗马出土后，得到了妥善的修复。值得一提的是，15世纪至16世纪期间，荷兰艺术家的一幅素描为我们展现了雕像修复前的样貌，虽然它当时缺失了几根手指，但整体状况尚算完好。后来，这尊雕像被米格纳内利家族转售给了费迪南多·德·美第奇。到了1677年，这尊雕像被购买并带到佛罗伦萨，在乌菲齐美术馆的展厅内展出。时至今日，我们仍然可以在那里欣赏到它，感受其独特的历史与文化魅力。

早期对这尊雕像的表述相当笼统，仅仅称其为“磨刀匠”和“村民”，这样的描述一直持续到17世纪末。然而，出于雕像本身所展现的艺术价值，学者们很快便开始寻求一个更恰当、更满意的称呼来定义它。

在16世纪，有人提出，这尊雕像可能是一组描绘惩罚马西亚斯（马西亚斯因擅长吹奏阿芙洛狄忒的阿夫洛斯管，因此向阿波罗发起挑战，比赛演奏技巧。然而，阿波罗以高超的技艺战胜了马西亚斯，并下令惩罚他）的雕塑的一部分。因此，这个人被认为是一个奴隶，正在准备用来折磨森林之神的匕首。

小提示

斯基泰人，又译西古提人、西徐亚人或赛西亚人，是古代位于中亚和南俄草原上的一支印欧语系伊朗语族游牧民族，活动时间为公元前7世纪至公元3世纪。斯基泰人在欧洲和西亚历史上扮演了重要角色，尽管他们并没有建立起统一的帝国。斯基泰人的文化和艺术对周边地区产生了深远的影响，他们的艺术风格独特，在古代艺术史上占有非常重要的地位。

马背上的斯基泰人 大英博物馆藏

花神弗洛拉

绽放的自然之美与生命之韵

创作者：提香
创作年代：约 1517 年
类型：布面油画
尺寸：高 79.7 厘米；宽 63.5 厘米
来源地：意大利

提香的《花神弗洛拉》油画是一幅展现花神弗洛拉美丽形象的经典之作。在这幅画作中，提香运用他精湛的绘画技巧，将花神描绘得既妩媚动人又纯洁典雅。画中的弗洛拉身着一袭洁白的衣裙，华丽的披肩和金黄的秀发在暗色背景的衬托下，投射出华丽的光泽，突显出她高贵的气质。

弗洛拉作为古罗马人崇拜的花神，寓意着美丽与善良。提香通过这幅画作，不仅赞美了自然之美和生命之韵，也表达了对美好生活的向往和追求。弗洛拉从这幅画的棕色背景中优雅地出现，手中捧着春天的花卉。她穿着古代风格的服饰，白色长袍搭在她的右肩。她凝视着画外，仿佛沉浸在某种思绪之中。

弗洛拉精致的脸庞，符合16世纪文艺复兴时期美女的所有标准：明亮白皙的皮肤，粉红色的脸颊，蓬松的金色长发衬托着她的脸——这是提香笔下女性典型的发色（因此被称为“提香金”）。

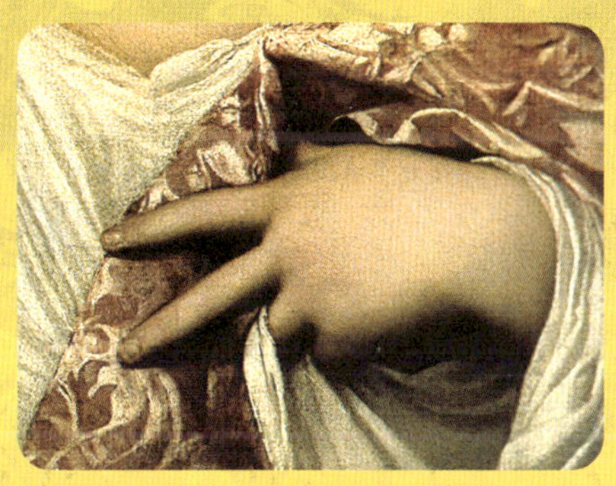

提香通过巧妙的构图和色彩运用，将花神的形象刻画得栩栩如生。他采用半身肖像的构图，让花神侧转身体，微微低头，右手持鲜花，左手按住滑落的衣服和披肩，展现出一种优雅且自然的姿态。同时，他运用丰富的色彩和光影效果，营造出一种温馨又浪漫的氛围，使得整个画面充满了诗意和幻想。

提香巧妙地制造了光影效果，使得主体既明亮又富有层次感，使得花神的肌肤显得白皙细腻，宛如羊脂玉一般。同时，她的衣物在光影的映衬下，也显得轻盈飘逸，给人一种超凡脱俗的感觉。

小提示

古罗马神话中的花神，名为弗洛拉（Flora），来自拉丁语名词“flos”，意为“花”。她不仅是青春的象征，更预示着鲜花的盛开和春天的到来。弗洛拉的形象常被描绘为一位年轻的美女，手持鲜花，她的存在使大地铺满鲜花，生机勃勃。在古罗马的宗教和文化中，她有着非常重要的地位，每年的花神节，人们都会以非常盛大的竞技会来庆祝，并用玫瑰花来装饰自己。

斯塔比伊的壁画（局部）

文物小知识

群星中的太阳：
提香·韦切利奥

提香的作品以色彩丰富、构图严谨、情感饱满、内涵深刻著称。他擅长运用各种色彩，他在色彩上的成就几乎代表了威尼斯画派艺术的巅峰，尤其是他发明的“提香金”，使得画面闪烁着珐琅般的金色光泽，充满了生命力。

提香金并非简单的金色，它通常是由多种颜色混合而成，营造出一种既明亮又温暖的色调。这种色彩既具有金色的华丽与高贵，又带有一种柔和、温暖的质感，使得画面更加丰富和生动。在提香的画作中，提香金常常被用来描绘贵族的服饰、珠宝以及装饰等，为画面增添了一抹奢华与典雅的气息。同时，它也被用来强调光影的变化，使得画面更加立体和生动。

《提香·韦切利奥肖像》

提香金这一独特的色彩，在提香的众多作品中都有所体现。除了《圣母升天》和《花神弗洛拉》之外，提香的其他画作也广泛运用了这一色彩。例如，在提香的肖像画作品《梳妆的女人》中，也可以看到提香金的身影。这幅画作与《花神弗洛拉》有着极为相似的处理手法，用正值盛年的女子来象征盛开的鲜花。画中的女子，其服饰和周围环境，都巧妙地融入了提香金，使得画面既华丽又富有生气。

《梳妆的女人》

《酒神与阿丽亚德尼》

他的构图也十分出色，画面布局均衡而富有变化，给人以视觉上的享受。同时，他的作品充满了情感，无论宗教、神话还是风景题材，都能表达出深刻的情感内涵。

提香的代表作丰富多样，其中最为著名的是《圣母升天》《酒神与阿丽亚德尼》等。这些作品不仅展现了他高超的绘画技巧，也反映了他对艺术的深刻理解和追求。例如，《圣母升天》一画，提香以精湛的技艺和丰富的想象力，将圣母升天的场景描绘得既庄重又生动，充满了神秘和神圣的气息。

提香的艺术成就对后世画家产生了深远的影响。他的绘画技法、色彩运用以及创作理念都被后来的画家借鉴并发扬。例如，鲁本斯、普桑、波提切利等画家都受到了提香的影响，他们的作品中也能看到提香的痕迹。可以说，提香的艺术成就为西方油画的发展奠定了基础，在西方绘画史上起到了承前启后的作用。

《圣母升大》

对《春》的影响

提香以其独特的色彩运用和构图技巧，赋予了画面丰富的层次感和动态感。这种风格对波提切利产生了影响，使他在创作《春》时更加注重色彩的和谐与对比，以及构图的平衡与变化。此外，提香在《花神弗洛拉》中对人物形象的细腻刻画，也对波提切利产生了积极的影响。

波提切利《春》中的女神形象

《花神弗洛拉》 伦勃朗

伦勃朗也爱“弗洛拉”

《花神弗洛拉》是17世纪荷兰画家伦勃朗的一幅油画作品。在这幅画中，伦勃朗以其精湛的技艺和深刻的洞察力，成功地捕捉了花神弗洛拉的美丽与神秘。

画中，花神弗洛拉以优雅的姿态出现，她身着古代风格的服装，展现出一种古典而高雅的美。她的手里捧着代表春天的花卉，这些鲜花象征着生命的活力与美好。她的目光凝视着画外，仿佛在思考人生，又似在倾诉心声。

整个画面色彩丰富而和谐，棕色背景与花神的长袍形成鲜明对比，突出了花神的形象。同时，伦勃朗巧妙地制造了光影效果，使得画面中的每一处都充满了生命力和动感。

圣家族

神性与人性的和谐共融

创作者：米开朗琪罗

创作年代：1505 年 — 1506 年

类型：木板蛋彩画

尺寸：直径 120 厘米

来源地：意大利

这幅画作中，主体被来自左侧的光源照亮，光线均匀地散布在画面的每一个角落。这种光线角度不仅突显了人物的轮廓，更赋予了画面一种难以言喻的活力与深度。米开朗琪罗通过和谐的色彩，使画面颜色相互映衬，交相辉映。光线在整幅画作中起到了举足轻重的作用，它不仅让米开朗琪罗能够创造出意想不到的色调变化，更使他能够以无懈可击的视角，巧妙地展现画面中的每一个元素。

米开朗琪罗的《圣家族》聚焦于传统题材，深刻反映了当时历史与艺术背景中普遍存在的宗教与公民美德的话题。然而，米开朗琪罗对此题材的诠释却独具匠心，他凭借卓越的技巧，为这一古老题材注入了新的见解与哲学思考，使得他的这幅作品在众多类似画作中脱颖而出，独具魅力。

背景中的裸体人物，象征着基督诞生前的人性。这些人物虽被描绘为赤身裸体，但他们并未像其他画作中展现的被罪恶扭曲的状态，而是以更自然的形态出现。

施洗者圣约翰凝视着神圣家族。他并非仅仅是平衡整体构图的装饰性元素，还承载着深层的寓意。作为最后一位先知，也是唯一一位见证古老承诺得以兑现的人，圣约翰在米开朗琪罗的《圣家族》中扮演着举足轻重的角色。

框架装饰繁复精美，交织着植物、动物等图案，其上更是巧妙地镶嵌着五个小型头部雕塑。这些头像分别象征着基督和先知们，他们所处的位置巧妙地暗示着他们正在以观察者的身份，参与到《圣家族》的场景之中。

小提示

阿尼奥洛·多尼委托米开朗琪罗创作了《圣家族》这幅油画，意在将其作为礼物赠予他的妻子马达莱娜·斯特罗齐。他们于1504年喜结连理，而这幅画的创作动机或许与他们的婚姻有关，抑或是为庆祝他们的第一个孩子玛丽的诞生。

阿尼奥洛·多尼和马达莱娜·斯特罗齐

乌尔比诺公爵夫妇肖像

永恒之恋的肖像

创作者： 弗朗切斯卡
创作年代： 1473 年 — 1475 年
类型： 木板油画
尺寸： 每幅高 47 厘米；宽 33 厘米
来源地： 意大利

这对夫妇彼此相视而立，画面空间通过光线和背景中连绵不断的景观得以展示，象征着公爵与公爵夫人所统治的辽阔领地。

公爵那古铜色的肌肤与公爵夫人浅色皮肤的色彩对比鲜明，引人注目。公爵夫人那苍白如雪的肤色，不仅彰显了文艺复兴时期独特的审美传统，更仿佛在诉说着她于1472年就离世的命运。

作为意大利文艺复兴时期最著名的肖像画之一，这幅双联画描绘了乌尔比诺公爵费德里科·达·蒙特费尔特罗（1422年—1482年）和他的妻子巴蒂斯塔·斯福尔扎（1446年—1472年）。受古代钱币设计的启发，这两个人物以侧面呈现，这个角度确保了面部细节的忠实表现，并且不会让他们的情绪流露出来。

弗朗切斯卡之所以选择用全侧式构图为公爵夫妇绘制肖像，并不只是顺应流行趋势，因为公爵的右眼曾在战场中失明，仅呈现毫发未损的左脸实有“遮丑”之意。其鼻梁处看似突兀的直角状缺口乃是完全写实的描绘——公爵曾命人切掉部分鼻梁，以避免右眼失明所带来的视野障碍。

在镶板的背后，公爵与公爵夫人被描绘于古老的马车之上，周围环绕着基督教美德的象征。其下的拉丁文更是深刻地诠释了这对夫妇所秉持的道德。背面的这幅图清晰地揭示出，这两幅画是一幅双联画。

《乌尔比诺公爵夫妇肖像》被认为是意大利文艺复兴时期最富盛名的肖像画，在很长时间内代表着这类画作的主流风格，并启发出多幅出自后辈画家的同题材肖像名作。然而随着焦点透视法的运用及发展，画家们逐渐放弃了平面化的创作手法，改为追求呈现人物在画中的三维立体感。

背面图

小提示

弗朗切斯卡，是意大利文艺复兴初期的杰出画家，其作品精彩地诠释了艺术、几何，并深刻反映了一个复杂的文化体系，包括神学、哲学等。他不仅在绘画上取得了卓越的成就，还作为数学家和理论家，对透视和空间构图进行了深入的研究。

弗朗切斯卡

伊丽莎白自画像

自我凝视与内心独白

创作者：
伊丽莎白·露易丝·维杰·勒布伦
创作年代： 1790 年
类型： 布面油画
尺寸： 高 100 厘米；宽 81 厘米
来源地： 法国

伊丽莎白将这幅画设想为她与法国王后玛丽·安托瓦内特的双重肖像，从而表明她对王后的重视和忠诚。为了突显她作为艺术家的风采，她特意将自己置于画布前，捕捉了自己专注作画的精彩瞬间。她身姿优雅，面容秀美，身着深色长裙，与华丽的荷叶领和白色头巾形成鲜明对比，进一步突显了她的庄重与优雅。这一时期正值伊丽莎白创作的鼎盛时期，年仅36岁的她，展现了极高的艺术造诣。

伊丽莎白展现出和蔼可亲、迷人的微笑，这是她自画像的特点。

她穿着优雅的黑色丝绸长袍，使腰带的鲜红色更加明亮。她棕色的卷发上戴着白布头巾，让人想起伦勃朗在许多自画像中使用的头饰。这些都增强了女性的温柔之美，也表明了她作为艺术家的天赋。

画家巧妙地运用光影效果，突出了自己的形象。她的面容被柔和的光线所照亮，显得庄重而高贵。深色的背景与画面中心形成了鲜明的对比，使得她的形象更加突出。同时，画家还通过丰富的色彩变化，展现了自身的内心世界。她的眼神深邃而坚定，充满了对未来的期待与决心。

小提示

为什么画家都爱画自己的自画像？

画家热衷于自画像的创作，主要源于画家自我表达与技艺展示的需求。通过自画像，画家能够直观而深刻地呈现自己的内心世界与情感，为观众提供一窥其心灵的机会。同时，这也是画家展现个人艺术风格的重要手段，是他们艺术成长的见证。此外，自画像还具有自传性质，记录了画家的生活状态与人生经历，为后人留下了宝贵的艺术与文化资料。

《戴草帽的自画像》 伊丽莎白

文物小知识

女性画笔下的世界：
西方历史上著名的女画家们

在绘画艺术史上，女艺术家们以其独特的视角和才华，为艺术领域增添了丰富的色彩。尽管在历史上，女性艺术家常常遇见社会偏见和机会不平等，但她们依然坚定地追求艺术梦想，创作出了许多令人瞩目的作品。

伊丽莎白·维瑞·勒布伦是路易十六时代法国最杰出的女画家之一，她的作品以肖像画为主，技法娴熟，风格优雅。她常为王后玛丽·安托瓦内特画像，并以其独特的艺术视角和表现手法赢得了广泛的赞誉。

安杰莉卡·考夫曼作为一名成功的女画家，尽管面临着社会的偏见和男性主导领域的压力，但她独特的才华和优势并未被动摇。她的艺术生涯表明，即使在面对挑战和困难时，女性艺术家也需坚持自己的创作理念，展现出独特的艺术魅力。

索芙尼斯芭·安古索拉是文艺复兴时期的一位杰出女画家，她出生于意大利的一个衰落的贵族家庭。尽管面临社会对于女性从事艺术创作的偏见和限制，她依然坚定地追求自己的绘画梦想。她的才华引起了著名艺术家米开朗琪罗的注意，并对她进行了非正式的指导与交流。

贝尔特·莫里索是法国印象画派中最出色的女画家，她是柯罗的女弟子，马奈的弟媳、洛可可艺术大师弗拉格纳尔的孙女。她的作品多以家庭生活为题材，笔触流畅，情感细腻。

乌菲齐美术馆藏品中女性画家的自画像

乌菲齐美术馆藏有世界上最多且最著名的自画像系列，这一系列的收藏始于17世纪的教宗莱奥波尔多·德·美第奇，随后通过不断的收购和捐赠逐渐丰富起来。值得注意的是，在众多的画家和雕塑家中，也涌现出了一些杰出的女性艺术家。在瓦萨里走廊展出的413幅自画像中，有21幅出自女性艺术家之手，这一事实鲜为人知。

18世纪后期，女性的传奇故事开始陆续上演。女性艺术家逐渐变得不再罕见，并开始成为一种被社会认可的职业。泰雷兹·施瓦茨便是其中的佼佼者，她不仅是上流社会和荷兰王室的知名肖像画家，更是阿姆斯特丹年轻女画家的楷模。

进入20世纪，女性艺术家的发展与这个世纪的历史事件、思想及文化运动紧密相连。在追求变革与归属感之间，女性艺术家凭借独特的创造力，将独特的艺术表现力在各个流派、各个领域实践，从绘画到摄影，从诗歌到音乐，等等。乌菲齐美术馆的自画像收藏为我们呈现动人的故事，即便在今天，这些故事依然闪烁着独特的光芒。

泰雷兹·施瓦茨

伊莉莎·库尼斯

安杰莉卡·考夫曼

底比斯地域

神秘之域

创作者： 弗拉 · 安吉利科

创作年代： 1420 年

类型： 木板蛋彩画

尺寸： 高 75 厘米；宽 207 厘米

来源地： 意大利

画家巧妙地运用了色彩和光影，营造出一个神秘而庄严的氛围。画面的主色调以暖色为主，给人一种古老而温暖的感觉。光影的处理也极为出色，通过巧妙的明暗对比，突出了画面的重点，使得画面更加立体而生动。

画家通过细腻的笔触，描绘出了想象中的底比斯城的精美的房屋、宏伟的神庙以及繁忙的市井生活。这些场景不仅展现了当时人们对古埃及文明的辉煌成就的向往，也反映了中世纪晚期人们的生活状态和精神面貌。观众在欣赏这幅画时，仿佛能够置身于那个遥远的时代，感受到那种古老而神秘的气息。

“底比斯”一词意为“神之城”。这个词来源于一本讲述圣徒在沙漠生活的文集，书中讲述了在基督教早期，僧侣们会来到古埃及底比斯城周围的沙漠里祈祷，过着苦行僧般的生活。这个主题在15世纪的佛罗伦萨特别受欢迎，常被描绘在矩形木板上，乌菲齐美术馆的这幅是迄今唯一完好无损的一幅。

在这幅风景画中，巧妙地融入了许多不同圣人的故事，包括圣奥努夫里乌斯、圣安东尼等。这些场景与日常生活场景交替出现，共同勾勒出了僧侣们追求超凡脱俗的道路。

小提示

底比斯古城及墓地位于埃及尼罗河东岸，距开罗市约700千米，即今天的卢克索附近。底比斯是古埃及中王国和新王国时代的首都，具有四五十年的悠久历史，是世界上屈指可数的最古老的都城之一。作为当时的宗教、政治中心，底比斯拥有百座城门，人口稠密，极为繁荣。历代法老在此建造了大量的神庙、宫殿和陵墓，这些建筑规模宏大，工艺精湛。尽管千年岁月流逝，许多宏伟的宫殿庙宇已毁坏，但从仅存的庙宇遗址、国王陵寝和贵族墓葬中，仍可想象当年底比斯鼎盛时期恢宏的风采。

底比斯的卡纳克神庙遗址

基督受洗

达·芬奇进入大众视野的第一幅画作

创作者：

韦罗基奥、达·芬奇

创作年代：

1470 年—1475 年

类型： 木板蛋彩画

尺寸： 高 177 厘米；宽 151 厘米

来源地： 意大利

安德里亚·德尔·韦罗基奥与达·芬奇在色彩和光影的运用上达到了炉火纯青的地步。通过对光影的细致描绘，使得画面中的每一个细节都充满了生命力和立体感。特别是天使的形象，其鲜艳的衣服和金色的光环在光线的照射下显得尤为耀眼，与周围的环境形成了鲜明的对比，进一步突显了天使的神圣和纯洁。

达·芬奇与韦罗基奥共同创作的《基督受洗》是一幅具有深远历史与艺术价值的画作。这幅画作为当时的瓦隆勃罗萨教团向安德里亚·德尔·韦罗基奥定制的作品，不仅体现了两位艺术家在绘画技艺上的卓越成就，也展现了他们对艺术的追求。

在约旦河岸边，耶稣正在接受圣约翰的洗礼，圣约翰正在用水浸湿耶稣的头。施洗者圣约翰拿着一个细长的十字架和一卷卷轴。在场的还有两个跪着的天使，其中一个拿着耶稣的衣服。

主要人物耶稣和施洗者圣约翰位于画面中心，两位天使作为见证者分布在左侧，形成了稳定的三角形构图，增强了画面的平衡感。同时，画家通过巧妙的透视法，使得画面具有空间感，层次分明。

小提示

在16世纪中期，乔治·瓦萨里曾提到：安德里亚·德尔·韦罗基奥在创作《基督受洗》这幅画时，得到了年轻学生达·芬奇的协助。达·芬奇负责绘制了画面左侧天使的形象，其出色的技巧令他年长的老师都感到惊叹不已。然而，根据现有的研究，达·芬奇的贡献可能远不止于此，他可能还参与了背景河岸景观的绘制、金色光线的处理以及基督形象的塑造等工作。

安德里亚·德尔·韦罗基奥

画中的人物造型准确，刻画细腻。特别是达·芬奇所绘的小天使，其天真无邪的儿童形象给人留下了深刻印象。人物的表情也栩栩如生，充分展现了他们在这一时刻的内心感受。

与圣玛格丽特和圣安萨努斯的天使报喜

哥特式绘画中最杰出的作品之一

创作者： 西蒙·马尔蒂尼、利波·梅米

创作年代： 1333 年

类型： 木板蛋彩画

尺寸： 高 184 厘米；宽 210 厘米

来源地： 意大利

《与圣玛格丽特和圣安萨努斯的天使报喜》是由意大利哥特式的艺术家西蒙·马尔蒂尼和利波·梅米所绘制。这是一幅用蛋彩和金色绘制的三联画，中央面板是左右面板的两倍大小，被认为是哥特式绘画中最杰出的作品之一，该作品最初是为锡耶纳大教堂的祭坛绘制的。

在这幅画中，天使加百列出现在圣母玛利亚面前，告诉她耶稣即将诞生的消息。天使的出现是突然的，正如飘扬的斗篷和展开的翅膀所暗示的那样。玛利亚很苦恼，她把自己裹进斗篷里。

场景周围的环境并不明确，但是一些被描绘的元素——大理石地板，精心雕刻的宝座，珍贵的织物，玛利亚在天使显灵之前正在阅读的书，均可以追溯到14世纪富有阶层的生活方式。

在画面的中央，圣灵被描绘成一只鸽子，周围环绕着天使，与百合花花瓶在同一直线上。百合花象征着耶稣和圣母玛利亚的纯洁。画框中所描绘的先知们手中的卷轴暗示了化身的奥秘：从左起，依次是耶利米、以西结、以赛亚和但以理。

两侧描绘的分别是殉道者安萨努斯，他是锡耶纳的守护神之一，举着锡耶纳的旗帜。还有一位神圣的殉道者，可能是安萨努斯的母亲马克西玛，或者是玛格丽特。

小提示

锡耶纳画派，是意大利文艺复兴时期的一个美术流派，以其独特的艺术风格在意大利艺术史上占据重要地位。该画派主要围绕锡耶纳大教堂进行艺术创作，注重线条造型和色彩表现，作品以宗教题材为主，展现出与佛罗伦萨画派相媲美的艺术实力。

锡耶纳大教堂 意大利

三贤献礼

贤士的崇拜

OPVS GENTILIS DE FABRIANO

MCCCCXXIII MENSIS MAII

创作者：真蒂莱·达·法布里亚诺

创作年代：1423 年

类型：木板蛋彩画

尺寸：高 300 厘米；宽 282 厘米

来源地：意大利

小提示

国际哥特式是1375年至1425年间流行于西欧的哥特艺术的一个分支。它以强调装饰、图案和色彩为特征，展现了一种高贵、理想化、仪式化和充满神性的艺术风格。尽管国际哥特式在透视、形象塑造等方面与哥特艺术的理论联系有所

真蒂莱·达·法布里亚诺所创作的《贤士的崇拜》被公认为是国际哥特式风格的绘画杰作之一，它展现了晚期哥特式艺术的独特魅力。这幅作品生动地描绘了耶稣降生后，东方三贤士前来朝拜的盛大场面，画面充满了庄严与神圣。

经历了漫长的旅程，贤士们在一颗星星的指引下到达新生的耶稣面前，他们跪在神圣家族面前，献上珍贵的礼物。三位贤士穿着极其奢华、时尚的服装，身后跟随着庞大的队伍。

在这幅画作中，三位贤士的形象栩栩如生，他们分别是梅尔基奥尔、加斯帕和巴尔撒泽。每位贤士都有着独特的面貌，且他们赠予圣婴的礼物也各具深意。梅尔基奥尔，一位白发苍苍的老者，长须垂胸，他赠送的礼物是金子，象征着尊贵与富饶。加斯帕则显得年轻俊朗，面容红润，他带来的是乳香，寓意着纯洁与神圣。而巴尔撒泽新长的胡须为他增添了几分英气，他赠送的没药，则代表着关怀与慰藉。这三位贤士的形象和礼物，共同构成了画作中温馨而庄重的朝拜场景。

贤士们的旅程，从他们看到那颗星星，到他们在希律王的宫殿停留，最后踏上归途，在作品的背景中被描绘成三个独立的部分，在视觉上被框架的三个拱门分开。

缺乏，这主要是因为国际哥特式艺术更追求装饰效果，而不是展现真实的空间。然而，这种风格的过度使用有时会导致镀金材料的滥用。尽管如此，国际哥特式艺术依然以其独特的魅力和风格在欧洲艺术史上留下了深刻的印记。

文物小知识

从笔触到意境：
东方艺术如何重塑西方绘画的边界与想象

《贵妇》 雅格布·约瑟夫·蒂索 巴黎奥赛美术馆藏

西方绘画中出现的东方元素多种多样，这些元素不仅丰富了西方绘画的艺术表现形式，也促进了东西方文化的交流与融合。

中国的青花瓷和屏风等东方艺术品经常出现在西方油画作品中，这些元素以其独特的色彩和图案，为西方绘画带来了新的视觉体验。例如，在法国画家雅格布·约瑟夫·蒂索绘制的《贵妇》一画中，一套洁白雅致、细腻明亮的青花瓷茶具成了画面的亮点，与室内环境相融合，展现出了东方艺术的魅力。

《日本情趣：花魁》 凡·高

丝绸作为东方文化的代表之一，其光滑细腻的质地和丰富的色彩，也为西方绘画提供了无尽的创作灵感。在西方画家的作品中，丝绸常常被用来表现贵妇人的服饰或室内的装饰物，其光泽和质感与画面中的其他元素形成鲜明的对比，增强了画面的视觉效果。

其次，日本浮世绘对西方绘画也产生了深远的影响。浮世绘以其浓郁的异国气息和强烈的色彩，为西方画家提供了新的创作灵感。在19世纪70年代后期到80年代初期，浮世绘的风格和技巧漂洋过海，影响了许多欧美印象派等诸多艺术流派的艺术家，在他们的作品中可以看到明显的浮世绘风格的影响。

《诸神的宴会》 乔凡尼·贝里尼 华盛顿国家画廊藏

《化妆》 布歇 艾尔米塔什博物馆藏

《披着纱巾的女人》 拉斐尔 乌菲齐美术馆藏

《三位大天使和托比亚斯》 弗朗西斯科·波蒂西尼 乌菲齐美术馆藏

画框的艺术

西方绘画的画框艺术是一门深奥且精致的学问，它不仅仅是绘画的附属品，更是画作观看体验的重要组成部分。画框的选择与制作，往往与画作的内容、风格以及画家的创作意图紧密相连，它们共同构成了一幅完整的艺术作品。

首先，画框的材质和造型对绘画的整体风格有着显著的影响。常见的画框材料包括木材、金属和合成材料等，每种材料都有其独特的质感和视觉效果。例如，木质画框往往给人一种自然、温暖的感觉，适合用于表现田园风光或人物肖像等题材；而金属画框则显得现代、简洁，更适合用于现当代艺术作品。

在造型上，画框的设计也是多种多样，有矩形、圆形、椭圆形等多种形状，以及浮雕、镂空等复杂的工艺。这些造型和工艺不仅增强了画框的艺术感，也使得它与画面内容形成了有趣的对话和呼应。

其次，画框的颜色和纹饰也是影响其艺术效果的重要因素。颜色上，画框的颜色需要与画面色调相协调，既不能过于突兀，也不能过于平淡。纹饰方面，一些精美的雕刻或绘画图案能够为画框增添更多的层次感和视觉冲击力，使得整个作品更加生动和有趣。

祭坛画的画框，很明显地是在模仿教堂的建筑轮廓，画框更像是一个“建筑”。

一张『严肃』的母子照

托莱多的埃莉诺拉与其子乔万尼·德·美第奇

创作者： 布龙齐诺

创作年代： 1545 年

类型： 木板油画

尺寸： 高 115 厘米，宽 96 厘米

来源地： 意大利

文物放大镜

这幅油画是一幅描绘宫廷家庭的肖像画，展现了艺术家在肖像画领域的精湛技艺。该作不仅是其艺术生涯中的精品，更为写实绘画树立了标杆。画面中，埃莉诺拉优雅地端坐于画前，右手温柔地轻抚着身旁的幼子。画家以超凡的色彩驾驭能力，精妙地还原了贵妇身着的繁复绣花礼服。在光影处理上，艺术家展现了极高的技巧，使得整个画面在明暗交错中达到了和谐而富有层次的视觉效果。

布龙齐诺巧妙地将画面分为两个部分，埃莉诺拉作为画面的主体，坐在画面中央，其姿态端庄而威严，宛如一尊雕塑，与深蓝色的背景形成鲜明对比，凸显其高贵的身份。幼子则依偎在母亲身旁，这一布局不仅展现了母子关系，更巧妙地利用空间布置增强了画面的层次感。整体构图稳定而不失灵动，既体现了宫廷的庄严，又蕴含了家庭的温馨氛围，尽管这种温馨被刻意营造的“严肃感”所掩盖。

画家对细节的刻画达到了极致，尤其是埃莉诺拉身上的绣花天鹅绒礼服，金色与黑色的交织，阿拉伯纹饰的繁复精美，无不彰显着宫廷的奢华。礼服中央的莲花花纹图案，更是东西方艺术交融的典范，为整幅画面增添了一种独特的韵味。此外，埃莉诺拉佩戴的珍珠项链，以及幼子身上闪烁着金光的华丽服饰，都是画家精心安排的细节，它们不仅丰富了画面的视觉效果，更深刻地揭示了人物的社会地位。

这幅作品的独特之处在于作者巧妙地为这对母子构造出一幅具有宗教意味的画面，使之宛若圣母与圣子的再现。通过这一艺术手法，他不仅赞美了埃莉诺拉的美貌与气质，将其形象提升至近乎神圣的地位，更在无形中强调了她在美第奇家族中的重要性与不可替代性。这种对埃莉诺拉外表与地位的双重颂扬，展现了画家深厚的艺术造诣与敏锐的政治洞察力。

天使报喜

天使降临

创作者： 达·芬奇
创作年代： 1472 年
类型： 木板油画
尺寸： 高 90 厘米；
宽 222 厘米
来源地： 意大利

这座繁茂的花园位于宫殿之前，大天使加百列跪在圣母面前，手中呈上一枝百合花，让人联想到圣母的纯洁。圣母坐在庄严的座位上，身后是讲经台，她正在那里专注地阅读。达·芬奇将这个传统的宗教主题置于一个世俗且真实的背景中。

天使的身形显得坚实有力，她的影子投射在草地上，衣物的褶皱也透露出作者对现实生活的细致观察。她的翅膀更是借鉴了猛禽的翅膀，显得生动而有力。整个场景沐浴在一种非凡的光线之中，整体和谐统一。

达·芬奇的《天使报喜》，画面以圣母玛利亚和天使加百列为中心，展现了天使向圣母传达消息的经典瞬间。

小提示

加百列本为炽天使，作为天使长，在天堂担任整个天界的警戒工作。加百列的名字含义是“神是我的力量”。在早期文艺复兴的绘画中，加百列通常被描绘成女性的形象，她被视为讯息天使，负责传达神的信息。

炽天使

远处的树木呈现出深暗的轮廓，为这一切增添了丰富的层次。建筑严格按照透视规则绘制，使得画面更具立体感。

圣母的形象似乎存在一些不寻常之处。她的右臂过长，这或许反映了达·芬奇早期对光学的研究，他在绘画时考虑到了从右侧观看的视角。同时，由于这幅画最初是挂在教堂侧祭坛上的，因此圣母的手臂位置也较低。

《天使报喜》 穆立罗

百合花：
纯洁高贵的圣母玛利亚

圣母百合是百合科百合属植物，其物种名源自拉丁语，意为“纯白色”，精准地描绘了这种花花瓣的色泽。它的花朵洁白无瑕，宛如雪地中的精灵，清新脱俗，令人心生敬仰。在中世纪时期，圣母百合因其纯洁无瑕的外观，被广大基督徒视为纯洁的象征，并常常用于供奉圣母玛利亚，梵蒂冈更以百合花为国花。

在以天使报喜为主题的油画中，百合花通常代表着圣母玛利亚的纯洁和高贵。洁白的百合花代表圣母的纯洁，而金黄色的花蕊代表圣母神圣的灵魂。据说天使报喜是发生在春天“鲜花盛开的时候”。在画中，天使加百列经常手持百合花，或者在圣母玛利亚身边放置一个插着百合花的花瓶。还有一个传说讲述了这种花的起源——据说圣母百合是夏娃被逐出伊甸园时流出来的眼泪。一开始它是黄色的，直到有一天圣母玛利亚弯腰捡起它，它就变得洁白无比。这象征着她将把夏娃之前丧失的纯真又带回到这个世界。

《天使报喜》 卢卡·吉奥达诺

《天使报喜》（局部） 保罗·德·马泰斯

《百合圣母》 阿尔丰斯·穆夏

百合花的出现，不仅增添了画面的美感，更深化了画作的主题。它象征着圣母玛利亚的纯洁和无瑕。

1902年，阿尔丰斯·穆夏受命在耶路撒冷一座献给圣母玛利亚的教堂绘制壁画。在这幅画中，圣母身着一袭洁白的丝绸长袍，衣袂飘飘，轻盈地掠过身旁少女的衣肩。她闭目沉思，双手交叉置于胸前，仿佛在默默祈祷，整个画面充满了宁静与和谐的气息，将观者引领进一个美好、梦幻的世界。而坐在圣母身旁的少女，则身着斯拉夫民族的传统服饰，她歪着头凝视着前方，手中握着一个象征永恒的常青藤叶花环。阿尔丰斯·穆夏巧妙地将圣母描绘为一种超凡脱俗的精神象征，与身旁少女的真实身体形成了鲜明的对比。圣母的幻影散发出耀眼的光芒，温柔地照耀着身旁的少女。

天使报喜后圣母去了哪里？

接到天使报喜后，玛利亚立即离开了拿撒勒去探访已经怀孕的表亲伊丽莎白，与她分享即将为人母的喜悦和期待，这就是“圣母探访”的故事。这次探访不仅体现了圣母玛利亚的慈爱和关怀，也展示了两人之间的深厚情谊。这个故事在艺术领域中被广泛描绘，成为众多画家创作的主题。

这幅壁画位于阿西西的圣方济各教堂的下教堂北横厅，创作于1315年至1320年间。

宝座上的圣母

文艺复兴的开端之作

创作者： 乔托

创作年代：

1300 年 — 1305 年

类型： 木板蛋彩画

尺寸： 高 325 厘米；

宽 204 厘米

来源地： 意大利

这幅画是传统的宗教画范式，描绘了圣母玛利亚和坐在她腿上的圣婴，圣徒和天使围绕着他们。这种特殊的圣母像被称为“Maestà”，是当时流行的一种表现形式。乔托创新性地用自然主义的手法表现这一主题，因此，它被誉为文艺复兴时期的第一幅画。

圣母抱着用右手祈福的圣婴，圣婴左手拿着象征知识的卷轴。

围绕着王座的是一个尖龛，镶嵌着不同颜色的大理石，让人想起了14世纪流行的哥特式建筑。

这幅画的构图对称而和谐，以圣母为中心，周围环绕着天使和圣徒，形成了一个视觉的焦点。宝座和装饰物的布置也体现了对称的原则，进一步把观者的视角引向中心。这种对称环绕的布局使得画面中的每一个元素都紧密相连，形成了一种和谐统一的效果。

四周是一群圣徒和天使。跪在宝座脚下的天使，献上装有玫瑰和百合的花瓶，象征着纯洁和慈善，而站在宝座旁边的天使则拿着一顶王冠和一个圣餐盒。

圣母坐在一个精美的哥特式宝座上，她那前所未有的强大气场来自雕塑般坚实而厚重的身躯。一道光倾泻下来，阴影凸显出了她脸部的轮廓。胸部微微隆起，撑起了几道浅浅的衣褶。膝盖处弯曲成自然的角度，使她稳稳地坐在彩色大理石装饰的宝座上。

小提示

乔托（1266年—1337年），意大利画家、雕刻家与建筑师，被认为是意大利文艺复兴的开创者，被誉为“欧洲绘画之父”。他的绘画完美地结合了叙事与写实主义，明暗法与透近法相结合，为观众呈现了一个纵深的立体空间。乔托的艺术成就使他成为西方绘画从僵化的拜占庭式转向现实主义的桥梁，并对后来的艺术家产生了深远的影响。他的作品不仅为文艺复兴时期的绘画风格奠定了基础，也为后来的艺术家们提供了宝贵的启示和借鉴。

乔托

圣母的加冕

创作者：
弗拉·安吉利科
创作年代：
1431 年 — 1435 年
类型： 木板蛋彩画
尺寸： 高 112 厘米；
宽 114 厘米
来源地： 意大利

这幅画展现了升入天堂的圣母玛利亚坐在基督旁边的宝座上，周围环绕着欢乐的天使们，他们翩翩起舞并演奏着乐器，众多圣徒也共同见证了这一神圣时刻。圣母在此被加冕为女王，这一情节在中世纪之前极为流行。

这幅画的背景采用了镀金装饰技法，这是中世纪绘画的一大特色。呈现的是一个加冕典礼的场景，整幅画体现了弗拉·安吉利科作品中的神秘基调，众多圣徒、天使和受祝福的人物的描绘更加强了这种神秘氛围。

这幅画以一种相当罕见的方式描绘了圣母加冕的场景：基督并没有直接将王冠戴在玛利亚的头上，而是准备用一块宝石来装饰王冠。

密集的圣徒群由四十多人组成，每一个形象都独具特色，经过精细的刻画，使得观众都能轻易识别出他们。在右侧前景中，我们可以辨认出抹大拉的玛利亚，她跪在地上，长发垂落；还有圣露西，她穿着蓝色的衣服，手中拿着一盏油灯。而在另一侧的前景中，圣杰罗姆跪在地上，紧随其后的是披着黑色长袍的圣多米尼克，以及贾尔斯教宗，他的名字以金色镌刻在他的衣领上。

这幅画体现了典型的中世纪传统元素。人物的半圆形排列和尺寸的轻微递减，巧妙地营造出一种空间纵深感。

小提示

祭坛画，是一种实用性很强的宗教画，通常画在木板上，并安置在教堂圣坛前，类似中国屏风立在祭坛上。祭坛画的内容往往与宗教故事相关，色彩丰富，形象生动。

《根特祭坛画》　比利时根特美术馆藏

乌尔比诺的维纳斯

优雅静谧的裸体之美

创作者：提香

创作年代：1538 年

类型：布面油画

尺寸：高 119 厘米；宽 165 厘米

来源地：意大利

在这幅画中，提香首次将维纳斯这位不食人间烟火的女神带进了贵妇的闺房。画面中的维纳斯侧卧在铺着白色布单的床上，她的身体丰满而健康，肌肤柔和而润泽，一头卷曲的金发微微落在肩上，展现出强烈的艺术感染力。

此画是文艺复兴后期意大利画家提香于1538年创作。画中浴后的维纳斯安逸地躺在卧榻上，旁边睡着一只小狗，在后边的两位女侍从则为她准备衣服。这幅画作是西方艺术史上的经典之作，它不仅展现了提香高超的绘画技巧，更反映了16世纪威尼斯社会的人文风貌。

除了维纳斯本身，画面中的其他元素也充满了生活气息。床的另一侧，一只小狗蜷缩而睡，显得安静又温馨。背景中的深色帘幕将画面切割成两半，营造出一种神秘的氛围。右上角穿着红裙的妇人侧向而立，左边则是一位正在翻找衣服的白衣少女，这些人物的存在进一步增强了画面的生活感和故事性。

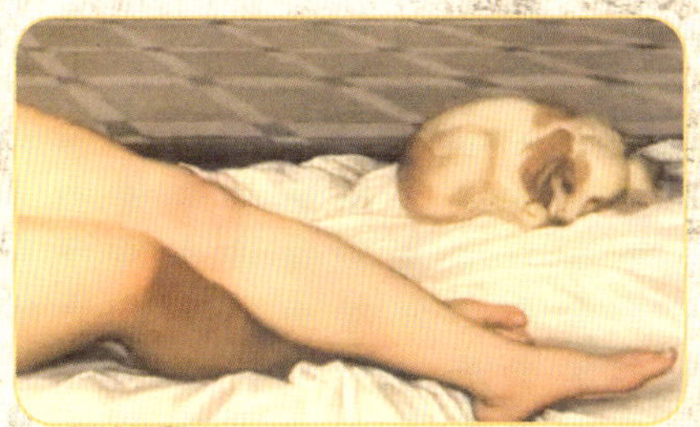

提香运用明暗处理和调整色彩明度使画面具有空间感和立体感。背景中的家具、窗帘和墙壁上的装饰花纹等细节，反映了当时威尼斯上层社会的生活方式和审美趣味。画面充满了生活气息，展现了提香对人文主义的深刻理解和热爱。

从画面的近处到远处，色彩由明丽活泼逐渐转向深暗柔和，这种变化不仅增加了画面的层次感，也更好地突出了中心人物。

小提示

威尼斯画派是文艺复兴时期在意大利威尼斯兴起的一个画派，对欧洲艺术史产生了深远影响，代表人物有贝里尼父子、提香、乔尔乔涅。在绘画风格上，威尼斯画派强调感性和情感的表达，通过对人物形象和自然景观的描绘，营造出一种浪漫、优美和富有诗意的氛围。其作品色彩绚丽，富于变化，过渡细腻，构图新颖，形式优美，具有浓厚的装饰性。

《田园合奏》 乔尔乔涅 卢浮宫博物馆藏

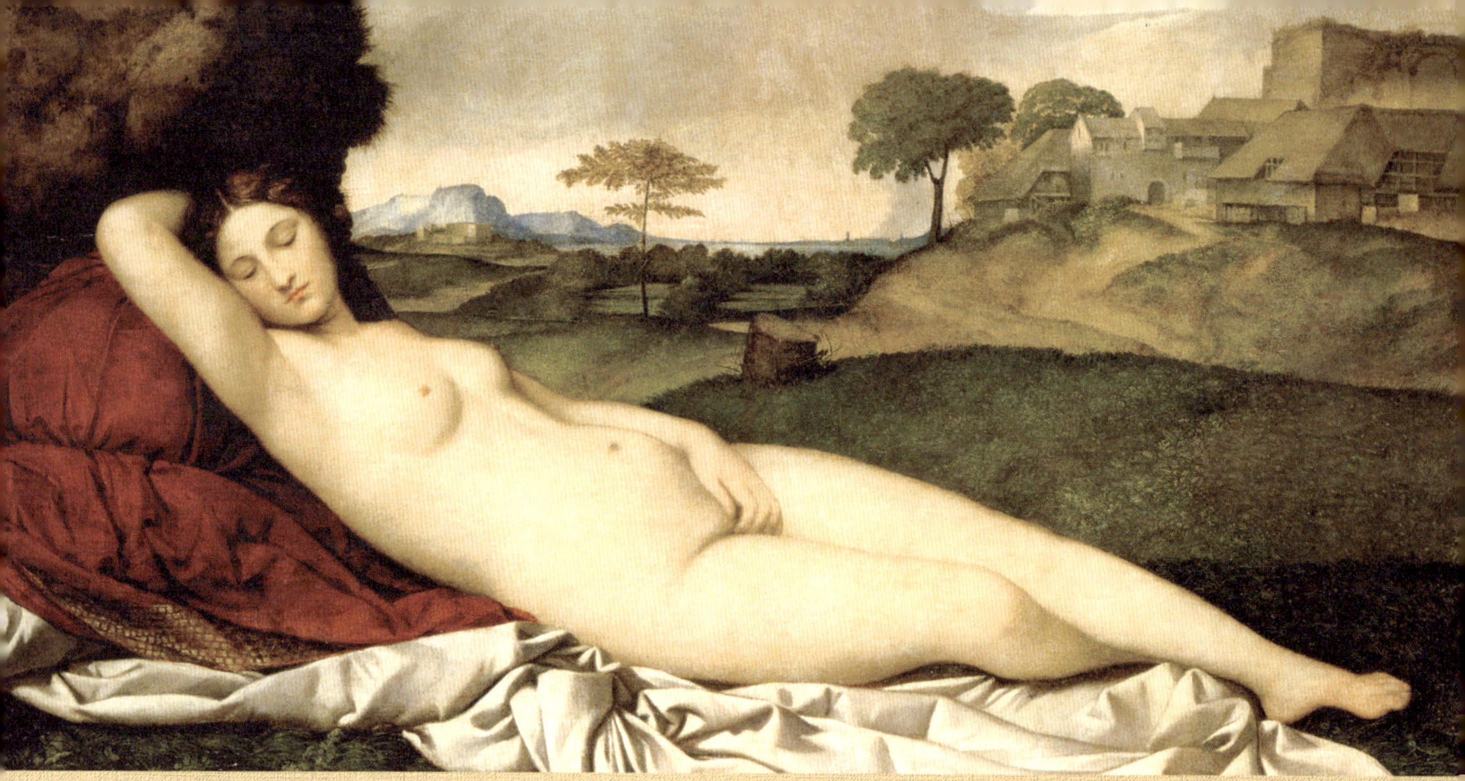

《沉睡的维纳斯》 乔尔乔涅 德累斯顿美术馆藏

文物小知识

女神斜卧：斜卧式人体的绘画传承

斜卧式人体在绘画史上是一个经典的范式，这种姿态在诸多知名画家的作品中都有出现。伟大的乔尔乔涅，在他的遗作《沉睡的维纳斯》中，率先描绘了这种姿态的维纳斯女神，从而确立了这一范式。此后，许多画家都受到这种范式的影响，并在自己的作品中进行了尝试。

意大利的提香，作为文艺复兴时期的中流砥柱，他的《乌尔比诺的维纳斯》便是受到乔尔乔涅作品的影响。在这幅作品中，提香借鉴并发展了斜卧式人体的构图方式，进一步丰富了这一范式的内涵和表现形式。提香《酒神的狂欢》中“斜倚的女人体”姿势便是经典的“侧卧式女神躺”。这幅画上仰卧着的裸女就是宁芙仙女，她那丰满柔润的身体，像一朵盛开的生命之花，为酒神节注入了人性的欢乐。

此外，享有骑士头衔的西班牙宫廷画家委拉斯开兹创作了《镜前的维纳斯》，在这幅作品中，他也采用了斜卧式人体的范式。这充分说明了这种范式在绘画史上的广泛影响力和深远意义。

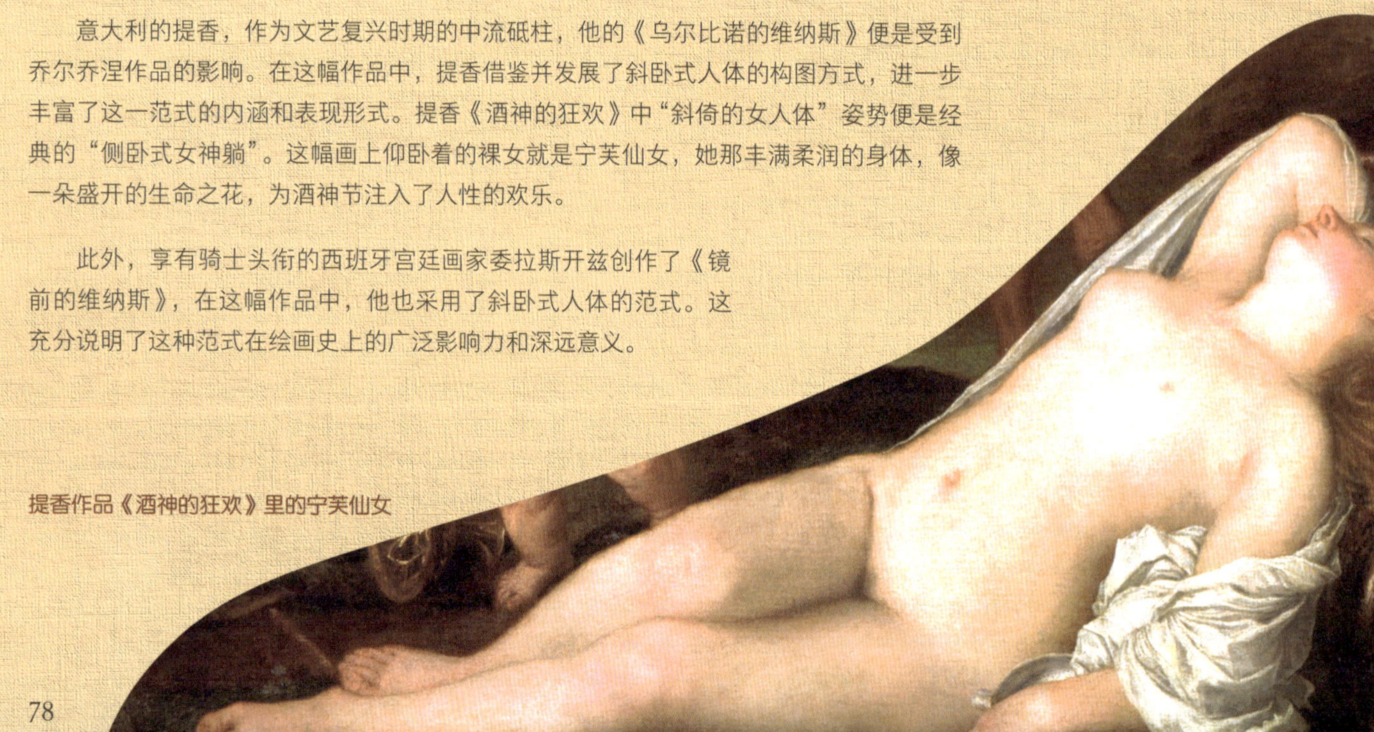

提香作品《酒神的狂欢》里的宁芙仙女

《镜前的维纳斯》 委拉斯开兹 伦敦国立美术陈列馆藏

裸体油画在欧洲艺术史上的地位

自古希腊、古罗马起，裸体始终是艺术家探索人体比例与美的关键。这一传统在文艺复兴时受古典文化影响，裸体油画风尚达至巅峰，推动了审美观念的发展。然而，至19世纪末20世纪初，以毕加索、马蒂斯为代表的欧洲艺术家，以抽象、象征手法重塑裸体主题，注入社会与文化批判，使裸体油画焕发新意。尽管裸体油画在艺术史上地位显著，为后世提供无尽灵感与研究资料，但其接受度因时因地而异，常引发争议。因此，我们在欣赏时，应以开放且审慎的态度，尊重多元文化与艺术传统。

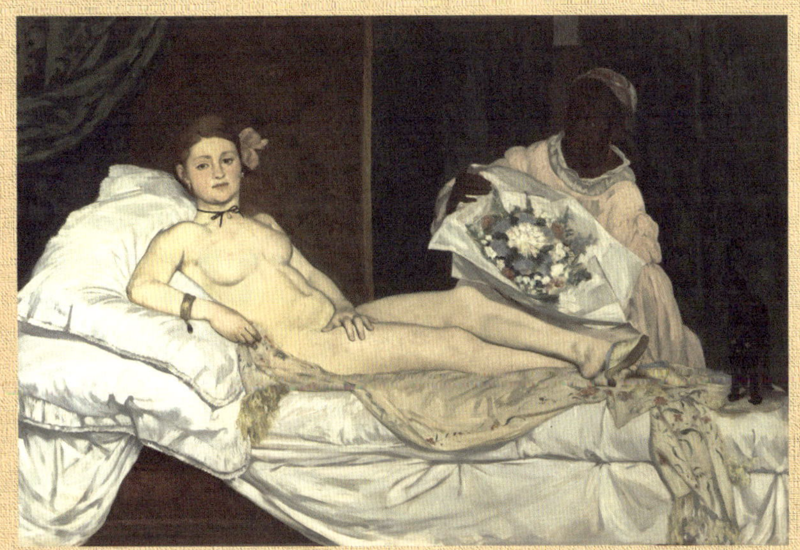

《奥林匹亚》 马奈 巴黎奥赛博物馆藏

提香与乔尔乔涅

提香与乔尔乔涅是威尼斯画派的两位杰出代表，他们之间存在着深厚的师承关系与复杂的艺术纠葛。

乔尔乔涅早年曾随名画家乔凡尼·贝里尼学画，并与提香成为同学。他们早期的画作都结合了两个人的风格，但乔尔乔涅的艺术成就更突出。乔尔乔涅作品中精细的风景、丰富的层次对提香产生了很大影响。提香崇拜乔尔乔涅开放的思想、精湛的绘画技巧，甚至曾模仿他的绘画风格，以至于人们几乎分辨不出他们的作品。

然而，乔尔乔涅的早逝使提香开始了独立的艺术探索。提香在绘画上逐渐形成了自己的风格，他成为第一位将文艺复兴时期的绘画风格和威尼斯画派的绘画风格融为一体的大师。

乔尔乔涅（前）与提香（后）

帕拉斯和半人马座

智慧与忠贞战胜激情和欲望

创作者：波提切利
创作年代：
1480 年—1485 年
材质：布面蛋彩画
尺寸：高 207 厘米；宽 148 厘米
来源地：意大利

波提切利的《帕拉斯和半人马座》是一幅充满象征意义和深刻寓意的作品。在画中，帕拉斯·雅典娜与半人马形成了鲜明的对比。帕拉斯·雅典娜作为战争和智慧的女神，身穿长袍，手持战斧，展现出优雅而坚定的姿态。而半人马，作为野蛮和非理性的象征，其形象被描绘得粗犷而狂野。

画面中心是帕拉斯·雅典娜，她身穿长袍，右手抓住半人马的头发，展现出战斗的姿态。帕拉斯·雅典娜的形象在这里被描绘得充满了力量和威严。而半人马则是图谋不轨的叛乱者，被帕拉斯·雅典娜制服，象征了正义战胜邪恶。整个画面传递出的是权力、秩序和智慧的胜利，寓意深远。

半人马扭曲痛苦的面容以及他身后昏暗、残破的石柱，都进一步凸显了女神的从容不迫与背景中海岸的广阔与宁静。而在画面中央，一艘停泊在水面上的战舰，不仅平衡了画面的构图，也隐喻着帕拉斯·雅典娜对半人马的征服与胜利。

女神左手手臂上的“M”形装饰；服饰上的环状花纹；女神胸口上以及战斧还镶嵌有方形钻石，都是在隐喻美第奇家族。

她被植物的嫩芽包围着，也许是献给帕拉斯·雅典娜的橄榄。这些纹饰不仅增添了画面的美感，也体现了波提切利对细节的精准处理。同时，这些纹饰也寓意着雅典娜的智慧和力量，与她的形象相得益彰。

小提示

在古希腊神话中，半人马是一种独特的存在，他们上半身是人的躯干，下半身则是马身。半人马一般被描写为粗野、狂暴和不讲道理的形象。尽管半人马在神话故事中常常以负面形象出现，但他们在古希腊文化和艺术中仍占有重要地位。古希腊的作家和艺术家们通过不同的方式描绘半人马，反映了他们对人性、道德和社会秩序的思考和探讨。

半人马

弹奏鲁特琴的天使

天籁之音的使者

创作者： 罗索 · 菲奥伦蒂诺
创作年代： 1521 年
材质： 木板油画
尺寸： 高 39.5 厘米；宽 47 厘米
来源地： 意大利

翅膀是天使最具代表性的特征之一，它们不仅象征着飞翔与自由，还代表着神圣与纯洁。画面上可爱的小天使有着不同于其他画作中天使的翅膀，他的翅膀分成了两部分，大面积的白羽毛与内侧的红羽毛，每一根羽毛都描绘得细致入微，仿佛能够感受到其柔软。翅膀展开的姿态，既展现了天使的力量，又赋予了画面一种动感和生命力。其与黑暗背景的对比，更加凸显了天使的圣洁与光辉。

这幅画的主角是一位手持鲁特琴的天使，天使的形象与鲁特琴的造型相结合，既展现了天使的圣洁，又传达了深刻的情感与意境。整幅画作以其精致的绘画技巧和深邃的内涵，展现了罗索·菲奥伦蒂诺的高超艺术造诣。它不仅是一件艺术品，还引领观众进入到一个神秘而美妙的世界。

金色鬈发的描绘为天使的形象增添了几分柔美与灵动，虽然两旁有着翅膀，但是并没有被抢去风头。鬈发在光线的照射下，呈现出一种自然的流动感，与天使的圣洁气质相得益彰。同时，鬈发的细节处理也展现了画家精湛的技艺和对人物特征的敏锐捕捉。

天使低头专注于手中的鲁特琴，手指轻拨琴弦，仿佛正在演奏一曲天籁之音。这个姿势不仅展示了天使的优雅与从容，还传达了深刻的情感。画家通过细腻的笔触和精准的比例，将天使弹琴的姿势刻画得栩栩如生，令人仿佛能够听到那悠扬的琴声。

小提示

以天使为主题的油画之所以众多，主要是因为天使在宗教文化中的典型性及其独特的魅力。天使作为神的使者，在宗教经典中扮演着重要角色，为艺术家提供了丰富的创作灵感。同时，天使那纯洁无瑕的形象、优雅飘逸的姿态，都深深吸引着艺术家们的目光，使他们不断探索与描绘。此外，天使也象征着希望、和平与美好，这些积极正面的寓意使得天使主题的油画深受人们喜爱。随着艺术市场的繁荣和人们审美需求的提高，以天使为主题的油画更是成为一种流行趋势。其中威廉·阿道夫·布格罗的《天使之歌》就是代表，他描绘三个天使为睡梦中的圣母子演奏音乐的场景，作者运用学院派的造型技巧让圣母子和天使极其真实地呈现了出来。

《天使之歌》 威廉·阿道夫·布格罗

椅子上的圣母

动人的母子绘画

创作者： 拉斐尔

创作年代： 约 1512 年

材质： 木板油画

尺寸： 直径 71 厘米

来源地： 意大利

《椅子上的圣母》是拉斐尔作品中的杰作。画作通过精致的刻画，加上精心安排的色彩，营造出一种深情而神圣的氛围。这幅画不仅反映了拉斐尔的艺术成就，也体现了他将人性和神性融为一体的创作理念，是对文艺复兴时期人文主义精神的完美诠释。

《椅子上的圣母》展现了拉斐尔在构图上的非凡才华。圣母玛利亚和圣婴耶稣的互动是画面的焦点，而圣约翰的加入让画面达到了平衡。三者之间的视线和手势相互呼应，并强调了画面的空间感。

拉斐尔在这幅作品中使用了丰富而和谐的色彩。人物衣服的绿色、红色、黄色形成对比，同时又与背景的暗色调形成鲜明的对比，使主题更加突出。色彩的运用不仅增强了画面的视觉效果，也赋予了作品特定的氛围。

《椅子上的圣母》的金色边框本身是一件精湛的工艺品，其复杂的雕刻细节展示了文艺复兴时期对美的追求。这个华丽的边框不仅与画作的暖色调相呼应，还通过金色强调了画作的尊贵和神圣。同时，金色边框的反光还为画作增添了动态视觉效果，使之更具生命力，提升了整体的艺术价值和观赏体验。

小提示

母子亲情是艺术史上一个恒久而深刻的主题，被无数艺术家以不同的形式和风格所呈现。无论绘画、雕塑还是其他艺术形式，表达母爱的作品都能触动人心，传达出温馨、悲伤或庄严等情感。这些作品不仅展现了母亲对孩子无条件的爱与牺牲，也反映了人类共通的情感和文化，成为跨越时间和地域的艺术经典。通过这些艺术作品，我们能够洞察到母子关系在不同文化和时代背景下的多样性与普遍性。

《岩间圣母》 达·芬奇 卢浮宫博物馆藏

赫拉克勒斯的寓言 不一样的神话人物

创作者： 多索 · 多西

创作年代： 1536 年 — 1540 年

材质： 布面油画

尺寸： 高 144.5 厘米；宽 142.8 厘米

来源地： 意大利

多索·多西在创作《赫拉克勒斯的寓言》时呈现了一个独特的视角，在这幅画中，赫拉克勒斯不是以传统英雄的形象出现，而是被描绘为一位玩球的老人，身边是可能在嘲笑他的小丑。这幅作品的复杂性在于它的多重解释空间：一方面展现了英雄对世俗诱惑的屈服，另一方面可能反映了委托人埃尔科莱二世公爵在家庭和政治动荡中展现的克制和耐心。这幅画不仅是对经典神话的重新诠释，也是对当时宫廷政治和社会动态的反映。

赫拉克勒斯被描绘为一位老人，这一设定与传统英雄年轻、强壮的形象形成鲜明对比。他头戴玫瑰花环，玩着球，暗示了他已经退隐。这种表现可能象征着英雄在暮年的平静，或对英雄事迹的一种讽刺性解读。

旁边的小丑持棍嘲笑赫拉克勒斯，为画面增添了诙谐的意味。小丑的形象代表了对英雄的讽刺，强调即便是伟大的英雄也无法逃避人生的荒诞。

画中的其他人物，如裸露乳房的女性和背景中的女孩与狗，分别象征着诱惑、美德和忠诚。这些人物与赫拉克勒斯形成了对比。

小提示

多索·多西，本名乔瓦尼·迪·尼科罗·卢特罗，是意大利文艺复兴时期的画家，大约活跃于15世纪末至16世纪中叶。他与他的兄弟巴蒂斯塔·多西一起，为贵族创作了许多作品。他的作品结合了幻想元素与现实主义，以丰富的色彩和精妙的光影效果闻名，善于表达人物的情感。他的代表作有《赫拉克勒斯的寓言》《阿波罗》《梅莉莎》等，展现了他对古典主题的个性化解读和对画面构成的精心设计。

《阿波罗》

《梅莉莎》

意大利其他博物馆名录（节选）

罗马博盖斯美术馆

威尼斯佩吉·古根海姆收藏馆

那不勒斯国家考古博物馆

罗马国家伊特鲁斯坎博物馆

佩鲁贾翁布里亚国家美术馆

威尼斯学院美术馆

米兰布雷拉美术馆

都灵埃及博物馆

佛罗伦萨巴尔迪尼博物馆

佛罗伦萨国立博物馆

罗马国立博物馆

弹奏鲁特琴的天使

图书在版编目（CIP）数据

世界博物馆全书．第一辑．乌菲齐美术馆 / 红糖美学著．-- 武汉：华中科技大学出版社，2024．11．
（世界瑰宝系列）．-- ISBN 978-7-5772-1165-7

Ⅰ. G269.1

中国国家版本馆CIP数据核字第20242YB233号

世界博物馆全书. 第一辑 乌菲齐美术馆

Shijie Bowuguan Quanshu Di-yi Ji Wufeiqi Meishuguan

红糖美学 著

出版发行：华中科技大学出版社（中国·武汉）
华中科技大学出版社有限责任公司艺术分公司

电话：（027）81321913
（010）67326910-6023

出 版 人：阮海洪

责任编辑：张 颖 刘昊威 杨志新　　封面设计：JOJO

责任监印：赵 月 张 丽

制　　作：王玉平

印　　刷：北京兰星球彩色印刷有限公司

开　　本：889mm × 1194mm 1/16

印　　张：60

字　　数：550千字

版　　次：2024年11月第1版第1次印刷

定　　价：998.00元（全10册）